AF191771

Renate Abel (Hrsg.), Svenja Thurmann,
Dr. Jörg Schirrmeister

Biodynamische Geburtstraumatherapie®

Theorie, Praxis und Wirkung

Impressum:
© 2024 Renate Abel, www.renateabel.de

AutorInnen: Renate Abel, Svenja Thurmann, Dr. Jörg Schirrmeister
Umschlagillustration: Aquarell von Dorothee Joachim
Layout: Anette Aßmann

Verlag: BoD • Books on Demand GmbH, In de Tarpen 42, 22848 Norderstedt
Druck: Libri Plureos GmbH, Friedensallee 273, 22763 Hamburg
ISBN: 978-3-8370-2832-4

Inhalt

Vorwort

Liebe Leser*innen,

das vorliegende Buch der Herausgeberin ist das Ergebnis ihrer jahrelangen Beschäftigung als Biodynamische Psychotherapeutin mit Geburtstraumata. Aufbauend auf der grundlegenden Erkenntnis der Biodynamischen Körperpsychotherapie, wonach alle Erfahrungen des Menschen körperlich abgespeichert und auch wiedererlebbar sind, hat sich Renate Abel intensiv mit Geburtstraumata befasst und eine Methode entwickelt, wie diese auch viele Jahre nach der eigentlichen Geburt heilbar sind. Sie konzentriert sich auf die Biodynamische Arbeit mit Erwachsenen, deren pränatale Erfahrungen, ihr Geburtserleben und den Folgen für ihr Leben. In dem von ihr entwickelten Zyklus können Klienten ihre eigene Geburt nacherleben und im geschützten Rahmen einer Gruppe korrigierende heilsame Erfahrungen damit machen. Die Theorie und Praxis dieser Methode werden im ersten Teil des Buches dargestellt. Renate Abel steht mit dieser Therapiemethode in der Tradition der Begründerin der modernen postnatalen Körperpsychotherapie Eva Reich, die in diesem Jahr ihren 100. Geburtstag gehabt hätte.

Der zweite Teil beinhaltet die wissenschaftliche Begleitung eines solchen Zyklus in Form einer naturalistischen Studie durch die Studentin für Soziale Arbeit, Svenja Thurmann, im Rahmen ihrer Bachelorarbeit. Sie verwendete dazu selbst entwickelte Fragebögen und die Methode standardisierter Interviews, die mit zwei Teilnehmer*innen durchgeführt wurden. Svenja Thurmann beschreibt in diesem Kapitel sehr differenziert am Beispiel einer Frau und eines Mannes, wie die Biodynamischen Interventionen auf sie gewirkt haben.

Im dritten Teil des Buches stellt der Mediziner Dr. Jörg Schirrmeister die Ergebnisse der Fragebögen vor, mit welchen die Kursteilnehmer*innen am Beginn und Ende des Zyklus, sowie ein Jahr danach untersucht wurden. Die Fragebögen sind der therapeutischen Intervention angepasst, was zwar deren inhaltliche methodenbezogene Spezifik erhöht, jedoch eine Vergleichbarkeit mit in der Psychotherapie häufig angewandten und standardisierten Fragebögen erschwert. Es wurden 9 Dimensionen gemessen, darunter Eigenschaften wie Selbstfürsorge und Freude. Im Summenwert ging es um die Erfassung der Gesamtbefindlichkeit. In der Untersuchung wurden signifikante Ergebnisse nachgewiesen, die auch ein Jahr nach Ende der Intervention katamnestisch messbar waren. Die Wirksamkeit der Biodynamischen Geburtstraumatherapie konnte demnach bei einer Mehrheit der beteiligten Klienten nachgewiesen werden. Die Ergebnisse sind grafisch gut dargestellt und wurden mit statistischen Methoden, wie z.B. dem Wilcoxontest validiert. Die Studie liefert damit einen weiteren Beitrag zur wissenschaftlichen Anerkennung der Humanistischen Psychotherapie in Deutschland.

Das Buch ist eine Bereicherung für alle Körperpsychotherapeut*innen und gibt einen fundierten Einblick in diese neue Biodynamische Methode. Um die Methode selber anwenden zu können, empfiehlt sich jedoch eine Ausbildung bzw. Assistenz bei der Herausgeberin.

Thomas Haudel, Berlin, im September 2024

Danksagung

Auf die eine oder andere Weise waren eine Reihe von Menschen an der Entstehung dieses Buches beteiligt. Ihnen allen möchte ich danken.

Dies sind zuerst die 10 TeilnehmerInnen des Zyklus 2021, die alle drei Fragebögen von Svenja Thurmann während des Zyklus und einen weiteren nach einem Jahr ausgefüllt haben. Sie haben sich jeweils Zeit genommen, die Fragen so genau wie möglich zu beantworten. Dies erscheint mir nicht selbstverständlich, und ich erkenne darin ihre Wertschätzung für diese therapeutische Arbeit. Zudem nahmen zwei TeilnehmerInnen an den strukturierten Interviews teil, deren Ergebnisse Thurmann im zweiten Teil dieses Buches vorstellt.

Meine Kollegin Ilona Göttges leitete mit mir den Zyklus im Jahr 2021 und unterstützte die Untersuchung von Thurmann.

Svenja Thurmann begleitete den ganzen Zyklus. Ihre engagierte Arbeit ging weit über das übliche Maß einer Bachelorarbeit hinaus. Auch als die Fragebögen nicht verwendet werden konnten, blieb sie bei ihrem ursprünglichen Vorhaben. Sie untersuchte die Wirkung der Geburtsarbeit mit einer anderen Methode. Ich danke ihr für ihre freundliche, konstruktive Anwesenheit in den Seminaren und freue mich mit ihr über das gute Ergebnis der Arbeit.

Dr. Jörg Schirrmeister, mein Ehemann, hat als Mediziner und ehemaliger Mitarbeiter des Instituts für medizinische Dokumentation und Statistik der Universitätsklinik Köln mehrjährige Erfahrung mit klinischen Studien und statistischen Untersuchungen. Er hat die Durchführung des Zyklus und der Forschung interessiert verfolgt. Die Fülle der Informationen aus der Befragung aller TeilnehmerInnen hat ihn beeindruckt. Nach dem Methodenwechsel bei der Bachelorarbeit untersuchte er kritisch die

Fragebögen auf methodische Schwächen und empirisch nachweisbare Ergebnisse. Für die Biodynamische Therapie und Forschung relevante Erkenntnisse werden dargestellt. Dank seiner Untersuchung werden die Antworten aus den umfangreichen Befragungen wenigstens teilweise gewürdigt.

Thomas Haudel, langjähriges Vorstandsmitglied der Gesellschaft für Biodynamische Psychologie e.V., war immer wieder bemüht, uns KollegInnen für Wirksamkeitsstudien zu interessieren. Unter seiner Leitung entstand die „Studie zur Wirksamkeit ambulanter Biodynamischer Psychotherapie bei depressiven Erkrankungen" (Haudel/Schubert 2018), eine der wenigen Forschungsarbeiten in der Biodynamik. Sein stetes Interesse an Forschung, seine Wertschätzung der Biodynamischen Körpertherapie und auch meines Konzeptes trugen wesentlich zu meiner Motivation bei, die Wirkung der Biodynamischen Geburtstraumatherapie® zu untersuchen.

Es war dann eine weitere Ermutigung, dass bei einer Mitgliederversammlung der GBP eine finanzielle Unterstützung dieses Forschungsprojektes beschlossen wurde.

Ich danke Anette Aßmann für ihre einfühlsame und kreative Arbeit bei Satz und Layout dieses Buches.

TEIL I

Biodynamische Geburtstraumatherapie®
Theorie und Praxis von Renate Abel

Die Biodynamische Geburtstraumatherapie® ist als neunmonatiger Zyklus „Mein Weg ins Leben" konzipiert. Erwachsene TeilnehmerInnen erforschen ihre prä- und perinatalen Traumata und bringen sie auf einen Heilungsweg.

- Der Zyklus umfasst die Zeit von der Zeugung/Empfängnis bis zur postnatalen Phase.
- Er bietet umfassende Ressourcenbildung, individuelle Traumatherapie für die jeweilige prä- oder perinatale Thematik und fokussiert das pränatale und postnatale Bindungserleben.
- Der Zyklus ist ein stabiler, tragender Rahmen über die Dauer von ca. neun Monaten, hauptsächlich als Gruppentherapie konzipiert:
  - Gesamtgruppe von neun bis zwölf Teilnehmenden
  - drei bis vier AssistentInnen
  - gezielte Kleingruppenarbeit
  - drei Seminare in der Gesamtgruppe
  - prozessbegleitende Traumatherapie in kleinen Gruppen
  - Einzelsitzungen
- Umfang des Zyklus 2021: 14 Seminartage und eine Einzelsitzung, d.h. mindestens 142 Therapiestunden á 45 min bis zu 178 Therapiestunden, wenn die TeilnehmerInnen unterstützend an mehreren Prozesstagen zur Traumatherapie teilnahmen oder zusätzliche Einzelprozesse buchten. Alle Einheiten fanden in Präsenz statt.

1. Zur Entwicklung und Bedeutung der Geburtstraumatherapie

Traumata und Verletzungen geschehen im Laufe unseres Lebens und bauen aufeinander auf. Die Erfahrungen von der Befruchtung der Eizelle/Zeugung über die Schwangerschaft bis hin zur Geburt und ebenso die Phase nach der Geburt sind grundlegende Prägungen in unseren Zellen, im Nervensystem, im Körper und in unserem Wesen. Nie mehr haben wir so viel Adrenalin in unserem Körper wie während unserer Geburt. Auch das sorgt dafür, dass sich die Erlebnisse während unserer Geburt tief einprägen. Beim Erkunden und Erkennen dieser ersten Eindrücke vom Start ins Leben offenbart sich oft das Grundthema unseres späteren Lebens. Schon ein anamnestisches Abfragen der Situation während der Schwangerschaft und um die Geburt herum kann wichtige Teile der Problematik enthüllen (Abel/Göttges 2023, 76–77, Renggli 2020, 55–56).

1.1 Anmerkungen zur Entwicklung der Geburtstraumatherapie

Die Bedeutung der Geburtstraumatherapie ist in den letzten Jahrzehnten immer klarer erkannt worden.

Schon **Otto Rank** (1884–1939), Psychoanalytiker und Schüler von Freud, war der Meinung, dass es unerlässlich sei, Geburtserfahrungen in den psychotherapeutischen Prozess einzubeziehen.

Wilhelm Reich erkannte im Rahmen seiner Forschungen nicht nur die Wirkungen der Erziehung von Kindern, sondern auch die Bedeutung von Schwangerschaft und Geburtserleben für späteres Verhalten (Reich 2018, 22, 89–108).

Reichs Tochter **Eva Reich**, langjährige Assistentin ihres Vaters und Ärztin, beschäftigte sich in den 1950er Jahren mit der Erforschung der frühen Bindungen und gilt als Wegbereiterin einer sanften und natürlichen Geburt. Sie betonte die Bedeutung körperlicher Nähe und Berührung (z.b. Schmetterlingsmassage für Säuglinge).

In den 1960er und 1970er Jahren rückte das früheste Erleben mehr ins Blickfeld der Psychologie, auch durch die Entwicklung von körperorientierten Therapien.

Der französische Arzt **Frederic Leboyer** bewirkte ab 1975 wesentliche Veränderungen in der Geburtshilfe durch die von ihm initiierte „Sanfte Geburt".

Im deutschsprachigen Raum wurde 1971 die Internationale Studiengemeinschaft für Pränatale und Perinatale Psychologie und Medizin (**ISPPM**) gegründet. 2010 fand eine Neugründung der Gesellschaft als „International Society for Pre- and Perinatal Psychology and Medicine (ISPPM e.V.)" statt. **Ludwig Janus** und **Franz Renggli** sind bekannte Vorreiter der prä- und perinatalen Therapie in Deutschland und der Schweiz (Abel/Göttges 2018, 29).

1.2. Neurophysiologische Grundlagen in Hinblick auf prä- und perinatale Traumata und Bindungsstörungen

Die **Polyvagaltheorie** von Stephen Porges hat uns wertvolle neue Erkenntnisse über die Wirkung des Vagusnervs, des 10. Hirnnervs, gebracht.

Das Nervensystem des Menschen beginnt sich in der dritten Schwangerschaftswoche zu entwickeln. Bereits in der achten Schwangerschaftswoche gibt es interagierende Neuronen, die Bewegungen des Körpers ermöglichen. In der 18. Schwangerschaftswoche beginnt die Myelinisierung der Nerven, durch eine isolierende Schicht werden die Nerven geschützt und die Kommunikation zwischen den Nervenzellen beschleunigt. Die Basis des Autonomen Nervensystems hat sich gebildet.

Es besteht aus *Sympathikus, Parasympathikus* und dem *Enterischen Nervensystem (ENS)*. Der *Sympathikus* sorgt für Bewegung, Aktion und Mobilisierung. Er bereitet den Körper auf Kampf- oder Fluchtreaktionen vor. Der Parasympathikus mit seinem Hauptnerv, dem Vagus, steht in Wechselwirkung mit dem Sympathikus und reguliert unsere grundlegendsten autonomen Reaktionsmuster.

In der fünften Schwangerschaftswoche beginnt sich der Verdauungstrakt auszudifferenzieren. Netzartige Strukturen (Mesenterien) und peritoneale Bänder verbinden die Organe miteinander und mit den Körperwänden. Sie „dienen als Zugangswege für Gefäße, Nerven und Lymphgefäße der entsprechenden Eingeweide" (Sadler 1998, 249). Daraus entwickelt sich das *Enterische Nervensystem*, ein komplexes Geflecht von Nervenzellen, die den Verdauungstrakt durchziehen und die Verdauung autonom steuern können. Beeinflusst von Sympathikus und Parasympathikus harmonisiert das ENS den Gesamtorganismus. Ca 20% der Botschaften werden vom Gehirn in das Verdauungssystem gesendet, ca 80% werden vom Bauch ins Gehirn gesendet. So hat die Verdauung Einfluss auf unser Wohlbefinden und unsere intuitiven Entscheidungen („Bauchhirn").

Die Prägung unseres Autonomen Nervensystems geschieht in sehr frühen embryonalen Entwicklungsphasen, bis zur Geburt und während der postnatalen Phase. Es beeinflusst unser Verhalten in unserem gesamten Leben (vergl. Abel/Göttges 2023).

Porges hat mit seinen Untersuchungen das Verständnis des parasympathischen Systems und seinem Hauptnerv, dem Vagus, erweitert. Der Vagus besteht aus dem entwicklungsgeschichtlich älteren dorsalen Zweig und dem jüngeren ventralen Zweig. Der *dorsale Vagusnerv* hat zwei Funktionen. In einer Situation von Sicherheit ist er für Verlangsamung, Entspannung und Regeneration verantwortlich. In einer Gefahrensituation, zum Beispiel bei pränatalem Stress, ermöglicht er den „Freeze"-Zustand, alternativ zu nicht möglicher Flucht- und Kampfreaktion. In dieser akuten Stresssituation sorgt der dorsale Vagus für Rückzug, Erstarrung, Totstellreflex, Dissoziation. Wenn die Gefahr länger andauert, führt er in den Shutdown, und der Organismus bereitet sich auf den Tod vor: Der Herzschlag sinkt, die Schmerzempfindlichkeit wird reduziert. Diese Präzisierung im Rahmen der Polyvagaltheorie hilft uns, entsprechende Verhaltensweisen von Erwachsenen zu verstehen, wenn im Leben Traumata aus der prä- und perinatalen Phase angestoßen werden.

Das autonome Nervensystem ist eng verbunden mit der Regulation durch Hormone. Stress und Anspannung der Mutter haben nachweislich Effekte auf die Entwicklung des Nervensystems des Kindes. Mit einer gestressten Mutter ist dies ständig in einer erhöhten Alarmbereitschaft. Das Kind wird mit einem Körpergefühl von ständiger Gefahr geboren. Nach einer Studie von Stott aus dem Jahr 1973 besteht ein Zusammenhang zwischen häufigem Krankwerden nach der Geburt als Folge von Stresseinwirkung während der Schwangerschaft (Hidas u.a. 2021, 52). „Der Stress der Mutter während der Schwangerschaft" überträgt sich „auf das sich entwickelnde Stresssystem des Babys im Mutterleib. Die Amygdala, das Angstzentrum im Großhirn, ist bei diesen Babys überstark ausgebildet. Ihr Gegenspieler, das beruhigende Gedächtniszentrum, der Hippocampus, dagegen ist entsprechend geringer entwickelt. Auch das sich herausbildende autonome Nervensystem ist außer Balance. … Das gesamte Gehirnwachstum des Kindes" ist verzögert (Renggli 2020, 67-68). Das bedeutet, die emotionale und körperliche Verfassung der Mutter wirkt auf die Innenwelt des Uterus, auf den Fötus und sein sich entwickelndes Nervensystem.

Kinder in der Gebärmutter nehmen die Gefühle der Eltern ihnen gegenüber wahr. Eine Untersuchung (Prager Studie) belegt, dass unerwünschte Kinder bis weit in ihr Erwachsenenleben hinein negative Folgen dieser Ablehnung erleben (Hidas u.a. 2021, 60–66). Prä-, peri- und postnatale Traumata, die nicht gelöst werden, verursachen chronische Dysbalancen im Nervensystem. Da die Möglichkeit einer Kampf- oder Fluchtreaktion fehlt, gibt es durch die Aktivierung des dorsalen Vagusnervs Rückzug und Erstarrung. Diese Reaktion auf Stress ist bei frühtraumatisierten KlientInnen im Erwachsenenleben sichtbar in Symptomen wie Müdigkeit, Verdauungsproblemen, Depression, dissoziativen Phänomenen, Rückzug.

Der *ventrale Zweig des Vagusnervs* (das Social Engagement System) ist entwicklungsgeschichtlich jünger. Er innerviert den Brust-Herz-Bereich und viele Gesichtsmuskeln. Blickkontakt, Stimme und Mimik sind wesentliche Elemente, um eine eingestimmte Wechselwirkung zwischen autonomen Nervensystemen zu fördern, wie zwischen Mutter/Vater und Kind. Die Erfahrung von positiver Interaktion regt die Produktion von neuronalen Wachstumshormonen an, womit die Synapsenbildung im Gehirn intensiviert wird. Im Kontakt mit anderen findet das Kind Möglichkeiten, sich zu beruhigen und zu regulieren. Es braucht die Co-Regulation nach der Geburt, um (Geburts-)Stress verarbeiten zu können.

Körperkontakt, Berührung, Zeit und Raum, abgestimmte Kontaktaufnahme aktivieren den Ventralen Vagus und helfen dem Kind und später dem erwachsenen Menschen, wieder in einen regulierten Zustand zu kommen. Bei frühtraumatisierten KlientInnen finden wir Schwierigkeiten, sich selbst im Kontakt mit anderen zu regulieren. Frühe Traumata haben immer Einfluss auf Beziehungs- und Bindungsfähigkeit.

Eine gezielte Aktivierung des ventralen Vagus ist ein wichtiger Bestandteil der Behandlung von komplexen frühen Traumata. Interventionen in der Körpertherapie können den ventralen Vagus aktivieren. So hilft dieser Ansatz in der Therapie mit Erwachsenen, den Weg aus dem dorsalen Rückzug zu ermöglichen. TherapeutInnen bieten so dem Nervensystem der KlientInnen eine neue Lernerfahrung an, die in der Ursprungssituation nicht in ausreichendem Maße zur Verfügung gestellt wurde.

Unsere Erfahrungen in der Geburtstraumatherapie haben gezeigt, dass sich noch nach Jahren alte Schocks und Traumatisierungen lösen können (Abel, Göttges 2022, 23–31) und sich dadurch das Selbsterleben der KlientInnen im Hier und Jetzt deutlich verbessern kann.

Die **Biodynamische Psychologie**, die damit verbundene Haltung und das Methodenspektrum bieten grundlegende theoretische und praktische Aspekte zur Traumabehandlung. Für Gerda Boyesen war der „Respekt vor dem Schützenden Widerstand" ein wichtiger Pfeiler ihrer Theorie und Praxis. Nach heutigen Erkenntnissen ist eine erfolgreiche Traumabehandlung nur über die Beruhigung des überstrapazierten Nervensystems möglich. Das Gefühl von Sicherheit und Gehalten-Sein in einer verlässlichen therapeutischen Beziehung ist dafür eine grundlegende Voraussetzung. Diese Erkenntnisse bestätigen Gerda Boyesens Theorie vom „Schützenden Widerstand" und der therapeutischen Haltung, einzuladen statt Grenzen zu überschreiten. Biodynamische Methoden arbeiten mit Bauchhirn und Psychoperistaltik (Enterisches Nervensystem), wie dies von keiner anderen körperorientierten Psychotherapie in den psychotherapeutischen Prozess einbezogen wird. Neben körperlichem Ausagieren (z.B. Sport, Tanz und Bewegung) und Ausdruck (Schreien, Weinen, Lachen, Reden) hat Gerda Boyesen die Psychoperistaltik als dritte Möglichkeit des Stressabbaus entdeckt. In einzigartiger Weise wird im Kontakt, z.B. in der Massage, die Psychoperistaltik stimuliert und damit Stress reguliert – oder in einem sicheren Umfeld und gehaltenwerden kann durch abgestimmte Berührung eine Stressreduktion erfolgen, die die Pychoperistaltik stimuliert. In der Traumabehandlung kann das ein wichtiges Element sein, wobei die Feinabstimmung mit den KlientInnen beachtet werden muss. Gerade KlientInnen, bei denen Trauma durch Gewalt stattgefunden hat, stehen vor einem Dilemma. Berührung wird als bedrohlich empfunden, das Nervensystem ist alarmiert. Durch diese traumatische Ladung fällt es ihnen schwer, Berührung als angenehm zu erleben. Sich Berührung wieder als positives Kontaktgeschehen anzueignen, kann ein wichtiges Element im Heilungsprozess sein. Dies ist auch der Fall, wenn Traumata durch fehlenden Kontakt und fehlende Berührung entstanden sind.

In der körperpsychotherapeutischen Arbeit können alte schmerzliche Erfahrungen, die zu einem körperlichen und energetischen Freeze geführt haben, wieder spürbar gemacht und in Bewegung gebracht werden. Die festgehaltene Spannung kann sich lösen und die Homöostase ermöglicht werden (Modell des Emotionalen Vasomotorischen Zyklus: Abel/Schirrmeister 2015). Zum Beispiel wird bei der Massage verbaler Kontakt und Blickkontakt angeboten. Dadurch wird die Regulation auf körperlicher Ebene begleitet von einer Aktivierung des Social Engagement Systems (ventraler Vagus). Der/die KlientIn ist jederzeit eingeladen zur Selbstregulation und aktiv aufgefordert, auch die Co-Regulation zu beeinflussen. Gerade in der Arbeit mit frühen Entwicklungstraumata ist das wichtig. Die Wahrnehmung des Kindes und somit des Erwachsenen in der regressiven Haltung geschieht auf andere Weise und auf anderen Ebenen (z.B. mehr auf körperlicher Ebene). Das zu verstehen und dem zu begegnen kann lösend und regulierend wirken.

In der Aufstellungsarbeit wie der Seelenaufstellung und der Konstellation des Birth Release bekommt die innere Welt der KlientInnen eine dreidimensionale Form. Ebba Boyesens hatte mit diesem Konzept die Intention, eine positive Ressource zu schaffen. Bessel van der Kolk hat herausgefunden, dass Trauma-Spuren hauptsächlich in der rechten Hirnhälfte zu finden sind. Genau da findet auch die Verarbeitung von räumlichen Beziehungen statt. Neunzig Prozent der menschlichen Kommunikation findet im non-verbalen Gebiet der rechten Hirnhälfte statt. Van der Kolk hat in Zusammenarbeit mit Albert Pesso eine aufstellungsähnliche Arbeit mit Microtracking (dem genauen Spiegeln) kennengelernt, die Pesso ‚structures' nennt. Er sagt: „Es ist nicht so, dass die schlechten Erinnerungen durch die ‚structures' ausgelöscht oder neutralisiert werden wie beim EMDR" ... (Anm.;Eye Movement Desensitization and Reprocessing, Traumatherapie von Shapiro).. „Stattdessen bietet eine ‚structure' neue Möglichkeiten: alternative Erinnerungen, in denen deine fundamentalen menschlichen Bedürfnisse und deine Sehnsucht nach Liebe und Sicherheit erfüllt werden" (Kolk, van der 2016, 403–409, übersetzt von Göttges). Diese wissenschaftlichen Erkenntnisse bieten uns ein Erklärungsmodell für die Wirksamkeit unserer praktischen Arbeit in der Biodynamik und in der Geburtstraumatherapie.

Ungelöste Traumata aus der prä- peri- und postnatalen Phase haben Einfluss auf unsere **Bindungsfähigkeit** (Abel/Göttges 2023, 82-84). Geboren werden stellt einen unserer wesentlichsten Transformationsprozesse dar. Eltern und Kinder brauchen eine entsprechende Unterstützung in ihrem sozialen Umfeld, um diesen Prozess gut zu bewältigen und damit Raum für Bindung zu schaffen. Nicht traumatisiert ist unser Start ins Leben geprägt von dem Gefühl, etwas vollbracht zu haben („Wir haben es zusammen geschafft."), dem Gefühl von Aufgehoben-Sein („Ich bin nicht allein, Papa und Mama unterstützen mich.") und dem Gefühl einer liebevollen Verbindung und Zuversicht („Ich bin willkommen. Ich darf sein, wer ich bin."). Dies ist die Grundlage für Resilienz im gesamten späteren Leben (siehe auch Renggli 2020, 111). Eine während der Geburt traumatisierte Mutter ist in ihrem Bindungsvermögen beeinträchtigt. Wenn es gelingt, einen schwierigen Geburtsprozess zu verarbeiten, können wir die Bindungsfähigkeit fördern.

In der Geburtstraumatherapie schwingt immer das Thema der Beziehungsfähigkeit mit – also der Fähigkeit, befriedigende Kontakte in unserem Leben zu schaffen und zu pflegen. Abweisung, nicht wahrgenommen werden, misslungene Abstimmung, allein gelassen werden oder eine depressive Mutter sind Bedingungen („negative Bindungsangebote"), an die wir uns gezwungenermaßen anpassen mussten. Damit halten wir die Beziehung und die Bindung zu unseren Eltern aufrecht in einer Phase, in der wir ohne sie nicht überleben konnten. Diese Anpassungen nehmen wir mit in unsere Beziehungen im Erwachsenenalter. Der Ursprung von Beziehungsproblemen liegt somit meist in unseren frühesten Erfahrungen. Deshalb ist das Bindungsgeschehen ein wichtiger Aspekt der Biodynamischen Geburtstraumatherapie®.

Diese Traumata ins Bewusstsein zu holen und einen heilsamen Umgang mit ihnen zu finden, ist das Thema der Geburtstraumatherapie.

2. Therapeutische Methoden in der Geburtstraumatherapie

Das Erkennen der Bedeutung der frühesten Lebensphase in Bezug auf unser ganzes Leben und unsere Beziehungen ist der erste wichtige Aspekt im therapeutischen Setting. Nur mit Kenntnis und Erfahrung können wir Situationen und schwierige Verhaltensweisen aus dem Erwachsenenleben mit frühester Traumatisierung in Verbindung bringen.

Wie können wir Kontakt finden zu unserem frühesten Erleben und uns darüber bewusst werden?

„David Chamberlain arbeitete seit 1974 mit Hypnotherapie, um während der Schwangerschaft und Geburt entstandene Traumata zu lösen. Rebirthing wurde von Leonard Orr in den 1970er Jahren eingesetzt, um mit Hilfe von Atemtechniken Gefühle aus präverbaler und pränataler Zeit wiederzuerleben. Durch das körperliche Erinnern und kathartisches Ausdrücken der Gefühle und altem Schmerz konnte das traumatische Erleben bewusst werden, die Situationen wurden gefühlsmäßig wiedererlebt. Nicht immer konnte das Trauma damit gelöst werden.

Neuere Erkenntnisse aus der Traumaforschung belegen, dass das Wiedererleben von traumatischen Situationen in der karthartischen Arbeit retraumatisierend wirken kann (Ogden et al. 2006). Das Wiedererleben traumatischer Situationen braucht einen geschützten Rahmen, abrufbare, körperlich verankerte Ressourcen, Empathie für sich selbst und vor allem die Chance, im Rahmen einer zuverlässigen therapeutischen Beziehung eine neue Erfahrung zu machen. Dann können diese schmerzvollen Erfahrungen heilsam integriert werden. Ohne diese Integration wirken Traumata unbewusst weiter und werden auch an nachfolgende Generationen „weitervererbt" (Abel/Göttges 2018, 29).

Es ist ein Leiden, ohne zu wissen, warum (Baer/Frick-Baer 2013;

Bode 2009, 2011; Alberti 2013). Die transgenerationale Weitergabe von Traumata ist unter anderem Forschungsgegenstand in der Epigenetik (vergl. Schrey/Stepan 2016).

Die Biodynamikerin **Ebba Boyesen** hat in den frühen 1970er Jahren das Konzept des Birth-Release-Prozesses entwickelt. Durch das Erinnern eigener traumatischer Erlebnisse aus vorgeburtlicher und präverbaler Zeit erkannte sie die Bedeutung dieser Phase für die Persönlichkeitsentwicklung. Anders als sonstige körperorientierte Methoden aus dieser Zeit ist das biodynamische Birth-Release ressourcenbildend und darauf ausgerichtet, frühen Stress zu lösen sowie eine Erfahrung von Wärme, Sicherheit und Geborgenheit zu ermöglichen (Abel/Göttges 2028, 29). „Birth Release ist eine positive Renaissance (Wiedererwachen, Wiedergeburt), durch die der ursprüngliche orgastische Geburtsreflex in der Wirbelsäule stimuliert werden kann. Diese therapeutische, vitale und manchmal ekstatische Erfahrung unterstützt die Wiederbelebung einer gesunden Lebenshaltung" (Boyesen im Gespräch 2003).

William Emerson war einer der ersten, der Behandlungsmethoden für prä-, peri- und postnatale Traumata bei Babys, Kindern und Erwachsenen entwickelte.

Karlton Terry, langjähriger Schüler von Emerson, ist spezialisiert auf die Überwindung von prä- und perinatalen Schocks und Traumata.

Die Methoden von Ebba Boyesen und Karlton Terry sind die Wurzeln der **Biodynamischen Geburtstraumatherapie®**, die ich als neunmonatigen Zyklus „Mein Weg ins Leben" in den Jahren 2008 bis 2010 konzipierte. Selbst entwickelte Strukturen und Settings aus verschiedenen Fortbildungen und meiner langjährigen therapeutischen Tätigkeit erweitern das Methodenspektrum.

- In einem geschützten Rahmen werden durch Körperarbeit Ressourcen aufgebaut, die Alternativen zu erlebten traumatischen Situationen bilden.
- Diese traumatischen Situationen werden in kleinen Schritten (research) körperlich und auf der Gefühlsebene wieder-erfahren, diesmal in einem mitfühlenden Feld. Als erneuernde Strukturierung (repatterning) wird anschließend die alternative Situation szenisch erlebt, um im Leben als Ressource zur Verfügung zu stehen. Die neue Erfahrung hilft, den alten Schmerz zu verarbeiten, und sie verbindet die Person selbst mit ihrer eigenen Kraft, eigenem Mitgefühl, dem eigentlichen So-Sein.
- Reflexionen mit den Therapeuten und den Gruppenmitgliedern unterstützen den weiteren Prozess der Integration.
- Integration und Transformation dieser Prozesse geschieht über Rituale, Einzelarbeit, Massagen und im letzten Seminar des Zyklus (siehe Kapitel 3). Es bedarf in der Regel weiterer Festigung mit therapeutischer Unterstützung, auch über einen längeren Zeitraum. Prä- und perinatale Traumata sind Erfahrungen an unserer Basis, betreffen unser Urvertrauen. Sie brauchen immer wieder Achtsamkeit der Betroffenen, Erleben von Co-Regulation und Bestärken der neu gefunden Wege.

Seit 2012 biete ich den Zyklus „Mein Weg ins Leben" an.
Die Wirksamkeitsstudie wurde 2021 durchgeführt.

3. Beschreibung des Zyklus „Mein Weg ins Leben"

3.1. Die Seelenaufstellung und Inkarnationsreise

Diese umfassende Familienaufstellung zum Zeitpunkt der Empfängnis/Zeugung ist das erste mehrtägige Seminar des Zyklus. Die Bedingungen in der Herkunftsfamilie, die Problematiken und das Feld, in das sich die Seele inkarniert, werden beleuchtet. Schon hier wird oft deutlich, mit welchen Themen die jeweils Aufstellenden in ihrem Leben konfrontiert werden. Eltern, mögliche Geschwister und Großeltern werden aufgestellt. Das ermöglicht einen erhellenden Blick auf das komplexe Feld, in das wir hineingeboren werden.

In der Seelenaufstellung wird die Seele aufgestellt. Eine Vertreterin liegt in dieser Rolle auf einer Liege. Die Aktionen im Feld der Familie wirken auf diese Position. Pim van Lommel zieht aus seinen Forschungen den Schluss, dass unser Bewusstsein schon vor der Zeugung existiert und nach dem Tod weiterlebt (in Renggli, 2020, 88). Ich teile diese Auffassung und habe die Seelenaufstellung konzipiert, um außer transgenerationalen Aspekten auch die Dynamik dessen, was wir Seele, Bewusstsein oder Geist nennen, erfahrbar zu machen.

Eine Trancereise zur Inkarnation der Seele bringt die TeilnehmerInnen zusätzlich diesem Bereich ihres Wesens näher. Durch speziell zusammengestellte Musik und gesprochenen Text kann in kosmische Sphären eingetaucht werden. Auch in dieser Reise können sich schon bestimmte Problematiken zeigen, wie zum Beispiel die Energie, mit der die Seele sich inkarnieren möchte oder im Widerstreit ist („Soul-loss"-Thematik).

3.2. Die Dynamik von Eizelle und Samenzelle und ihre Vereinigung

In der Geburtstraumaarbeit und besonders in der Seelenaufstellung zeigt sich, wie das persönliche Trauma in ein transgenerationales und kollektives Traumafeld eingebettet ist. Auch emotionale Erfahrungen, z. B. Angst können über drei Generationen weitergegeben werden. Eine Erklärung dafür liefern epigenetische Veränderungen in den Spermazellen von Vätern und Söhnen (https://www.wissenschaft.de/erde-umwelt). Je früher erschwerende Umstände die embryonale Entwicklung beeinflussen, desto umfassender und unbewusster ist die Prägung für unser Leben. Früheste Erinnerungen sind in jeder Zelle gespeichert. Die entsprechenden molekularbiologischen Mechanismen und ihre Auswirkungen auf Verhalten und Gesundheit sind in der Medizin als »Pränatale Epigenetische Prägungen« bekannt (vgl. Schrey, 2016). Mit fortschreitender Differenzierung des menschlichen Organismus können Organe oder Körperpartien von Schockerfahrungen betroffen sein. Kurz nach der Geburt sind unsere grundlegenden Synapsen im Gehirn bereits geschaltet.

Zellerinnerungen in uns wachzurufen, wie kann das gehen? Karlton Terry hat Körperübungen entwickelt, wie diese tief schlummernden und doch so grundlegenden Erfahrungen der Zellen uns bewusst werden können. Diese Übungen wurden in mehrtägigen Seminaren (Egg-Journey, Sperm-Journey, Conception) angeboten. Ich suchte nach alternativen Wegen, diesen Erfahrungen nahezukommen. In meiner Ausbildung im „Essentiellen Theater" bei Lothar Hahn hatte ich gelernt, tiefe Prozesse durch Bewegung, Musik etc. anzustoßen. In einer Bewegungseinheit mit entsprechend ausgewählter Musik und Bildprojektion werden die TeilnehmerInnen im Geburtszyklus an ihre frühesten Erfahrungen bis hin zum Ei- und Samenzellenbewusstsein und Erinnerungen an die Empfängnis herangeführt. Ich begleite diese Reise mit Worten und Intonation, entsprechend der jeweils erlebbaren Phase, und motiviere zu Bewegung und Ausdruck.

Immer wieder beeindruckend für die TeilnehmerInnen ist die Wirksamkeit dieser und anderer Übungen, die Erlebtes aus dieser frühen Zeit erfahrbar machen.

3.3. Der Birth-Release-Prozess

Das Birth-Release ist die Inszenierung eines positiven Geburtserlebnisses - der Geburt, so wie man sie idealerweise hätte haben wollen. Das intuitive Wissen darüber ist biologisch angelegt. Ich gehe davon aus, dass Schwangerschaft und Geburt von ihrer genetischen Anlage her keine Traumata sind. Der Birth-Release-Prozess wird von den KlientInnen als intensive Ressourcenbildung erlebt. Dennoch besteht die Notwendigkeit, sich die tatsächlich erfahrenen Traumata und deren Folgen bewusst zu machen und damit zu arbeiten. Dem gehen wir in den Prozesstagen zur Traumatherapie nach – dann unter Zuhilfenahme dieser wichtigen Ressource!

Bei der Inszenierung der positiven Geburt entwerfen die TeilnehmerInnen ihr persönliches Szenario. Ausgehend von ihrem persönlichen schmerzlichen Erleben wird jetzt eine Situation kreiert und „durchgespielt", wie es hätte sein sollen. Die Rolle der idealen Eltern wird von anderen GruppenteilnehmerInnen eingenommen. Dies erlaubt es den KlientInnen, ihr Bindungs- und Liebespotential, ihr Gefühl von Richtig-Sein und am richtigen Ort zu sein zu erleben. Mit dem Gefühl von Erfüllung und Freude kommt oft die Trauer um das, was in der realen Geschichte gefehlt hat. Jetzt ist diese Trauer begleitet von der Erfahrung, dass das innere Potential da ist und sich weiter entfalten kann. Vor allem im Birth-Release-Prozess bietet die Kleingruppenarbeit in Begleitung einer AssistentIn eine intensive positive Bindungserfahrung, was die Selbstanbindung fördert.

28

Diese Bindungserfahrungen werden sowohl in der Position des eigenen inneren Neugeborenen und als auch in den idealen Elternrollen erlebt (vergl. Abel/Göttges 2022, 14–16).

Dieser neu gewonnene Zugang zur eigenen Kraft ermöglicht, das real Erlebte als Lebenserfahrung anzunehmen statt in Kompensationsmustern verhaftet zu bleiben. Für die später im Zyklus angebotene Traumatherapie ist das Birth-Release-Erleben eine wertvolle Ressource, weil auf heilsame Muster zurückgegriffen werden kann. Gerade in der Arbeit mit frühen Entwicklungstraumata ist das wichtig, da das Kind und somit der Erwachsene in der regressiven Haltung, auf andere Weise und auf anderen Ebenen (z.B. mehr auf körperlicher Ebene) wahrnimmt. Mona Lisa Boyesen wies in Biodynamik-Ausbildungen darauf hin, dass wir über ein differenziertes Methodenspektrum verfügen, um mit frühem Trauma zu arbeiten und dass oft KlientInnen mit sogenannten Frühstörungen in unsere Praxen kommen. Die freundliche, respektvolle Art, unseren KlientInnen zu begegnen, mit der wir in der Ausbildung genährt worden sind, bietet eine gute Voraussetzung, zusammen mit den KlientInnen einen sicheren Ort zu gestalten, wo schwierige Erlebnisse einen Platz finden können.

3.4. Therapeutische Arbeit mit prä-, peri- und postnatalen Schocks und Traumata

Während des Birth-Release-Prozesses können Traumata und Verstrickungen sichtbar werden, die im Rahmen der positiven Geburtsinszenierung nicht gelöst werden. In der prozessbegleitenden Traumatherapie, die sich am Konzept von Karlton Terry (2014) orientiert, wird an zusätzlichen Terminen in einer kleinen Gruppe gearbeitet.

Im Austausch mit der Leiterin wählt die/der KlientIn einen Aspekt, den sie/er noch genauer untersuchen möchte.

Die Traumatherapie erfolgt in drei aufeinander aufbauenden Schritten.

1. Palpation – Fühlendes Ertasten der traumatischen Ladung und der dazu passenden Phase der Schwangerschaft oder der Geburt.

2. Akkurate Simulation – Angemessene Nachahmung und Reinszenierung der Trauma-Situation unter der Regie der KlientIn. Achtsam und kontrolliert erfühlt sie mehr und mehr die traumatische Ladung mit dem Ziel, dies mitfühlend anzunehmen und aus altem Schock und Erstarrung herauszufinden.

3. Repattering – Erneuernde Strukturierung durch Umformen der alten traumatischen Situation in eine nicht-traumatische Situation „So hätte ich es eigentlich gebraucht!". Dies ist durch den Birth-Release-Prozess bereits bekannt und kann verstärkt werden.

Nach den bisherigen Erfahrungen mit dem Geburtszyklus konnten integrierende und transformierende persönliche Prozesse initiiert werden.

3.5. Einzelsitzungen

In der Zeit zwischen dem Birth-Release-Prozess und dem abschließenden Seminar finden individuelle Einzelsitzungen mit der Leiterin statt. In reflektierenden Gesprächen und Körperarbeiten können die KlientInnen ihre Erfahrungen noch tiefer über die körperliche Ebene integrieren. Biodynamische Massagen und für Erwachsene angepasste Babymassagen wie die Indische Babymassage nach Leboyer werden als therapeutisches Mittel differenziert eingesetzt, um mit bestimmten Entwicklungsphasen oder spezifischen Problematiken zu arbeiten.

3.6. Abrundungsworkshop „Wo gehe ich hin?"

Zum Abschluss des neunmonatigen Zyklus kommen Fragen bei den TeilnehmerInnen auf: „Wie geht es weiter im Leben?" – „Wie können die Erfahrungen im Alltag integriert und gefestigt werden?" Es findet ein drei- oder viertägiger Workshop statt, in dem Bindung als Basis für einen selbstvertrauenden Weg ins Leben ein wichtiges Thema ist. Durch die Analyse der einzelnen Prozesse der TeilnehmerInnen und der aktuellen Bedürfnisse konkretisiert sich das Konzept des Abschlussworkshops. Integrierende Massagen und Entspannungsübungen, die Resonanz der anderen TeilnehmerInnen, Übungen zum Bindungserleben und Rituale in der Natur vertiefen körperlich und energetisch die erlebten Veränderungen. Das Ziel des abschließenden Seminars ist, dass die TeilnehmerInnen nach der tiefen Arbeit zu ihrer frühesten Lebensphase mit größerer Autonomie und erweiterter Beziehungsfähigkeit eine neue Perspektive für ihren Weg im Leben finden. In der Zeit nach dem Zyklus und folgenden therapeutischen Sitzungen sollte ein Wieder-Anbinden an diese neuen Erfahrungen und damit eine Festigung des Erlebten berücksichtigt werden (Abel/Göttges 2022, 21–22).

Im Anschluss an den Zyklus wurde die Reihe „Lebensweg" entwickelt. Aufeinander aufbauend werden Phasen der Kindheit in den Seminaren erfahren und Entwicklungstraumata auf einen Heilungsweg gebracht.

4. Wie wirkt diese Methode?
Feststellung der Wirksamkeit

In den bisherigen Zyklen erlebten wir als Team immer wieder, welche fundamental neuen Erfahrungen die TeilnehmerInnen machten, was sie über ihre persönliche Entwicklung erkannten und wie heilsame Veränderungen im Leben initiiert werden konnten. In verschiedenen Fallbeschreibungen in Artikeln oder Vorträgen wurde dies exemplarisch mitgeteilt (Abel/Göttges 2022, 23–30; Abel/Göttges 2023, 94–95, 101).

Schon vor einigen Jahren gab es die Idee, Ergebnisse körperorientierter Methoden umfassender darzustellen. Angeregt durch das Bestreben von Thomas Haudl aus dem Vorstand der GBP e.V., mehr Forschungsarbeit in der Biodynamik zu betreiben, suchte ich nach Möglichkeiten. Über meinen Kontakt zu Prof.in Dr. Amara Eckert (Hochschule Darmstadt, Vorstand ISPPM) fand sich die Studentin Svenja Thurmann, die 2021/2022 im Rahmen ihrer Bachelor-Arbeit die Wirkung der Biodynamischen Geburtstraumatherapie® untersuchte.

Die Studie wurde von der Gesellschaft für Biodynamische Psychologie e.V. durch eine finanzielle Förderung unterstützt.

4.1. Zur Studie von S. Thurmann über die Wirkung der Biodynamischen Geburtstraumatherapie®

Es war ein Glücksfall für die Erforschung dieser Geburtsarbeit, Svenja Thurmann für diese Untersuchung zu gewinnen. Die Studentin des Fachbereichs Soziale Arbeit an der Hochschule Darmstadt interessierte sich für diese Arbeit und brachte einige Vorkenntnisse mit. In ihrem Studiengang ist eine Bachelorthesis mit diesem Thema ungewöhnlich. Auch im Bereich der Geburtstraumatherapien sind mir bisher keine Studien zur Wirksamkeit bekannt.

Thurmann investierte einen hohen Zeitaufwand. Sie begleitete im Zyklus 2021 alle Seminareinheiten als Beobachterin. An verschiedenen Gruppenübungen sowie am Birth-Release-Prozess nahm sie selbst teil. So konnte sie die Übungen selbst erfahren und fundierter reflektieren. Durch ihr außergewöhnliches Engagement und ihre freundliche Präsenz gewann sie das Vertrauen der GruppenteilnehmerInnen, was in dieser intensiven Prozessarbeit nicht selbstverständlich ist. Dies wirkte mit, dass alle TeilnehmerInnen an der Studie teilgenommen haben.

Zuerst entwickelte Thurmann für jeden Abschnitt des Zyklus einen Fragebogen, der von den Probanden ausgefüllt wurde. Die bis dahin schon aufwändige Befragung konnte nach einem Professorenwechsel nicht für die Bachelorarbeit verwendet werden. (Siehe Teil II: Thurmann 27-29, 31 und Teil III) Thurmann entschied sich zusammen mit ihrem betreuenden Professor für die Interviewmethode. Interviews mit zwei Teilnehmenden wurden durchgeführt und ausgewertet. Diese Ergebnisse stellt sie erfolgreich in der Bachelorthesis dar. Dies ist eine der wenigen Wirkungsuntersuchungen einer körpertherapeutischen Methode.

In Teil II dieses Buches wird die Untersuchung dieser Methode vorgestellt. Teile der Bachelorarbeit von Svenja Thurmann werden übernommen. Sie sind durch den in ihrer Arbeit verwendeten Schrifttyp und Angabe der ursprünglichen Seitenzahlen im grau-markierten Außenrand kenntlich gemacht, wie sie in Thurmanns Inhaltsverzeichnis angegeben sind. Andere Kapitel werden benannt oder von mir zusammengefasst. Diese sind durch Kursivschrift kenntlich gemacht, ausgelassene Teile werden durch „ ... " markiert.

Im TEIL III hat Jörg Schirrmeister die 40 Fragebögen kritisch untersucht und empirisch ausgewertet.

5. Literatur zu Teil I und Teil III

Abel, R., Göttges, I. (2018): Geburtsarbeit in der Körperpsychotherapie. Körper – Tanz – Bewegung 6 (1), 27-35, https://doi.org/10.2378/ktb2018.art04d

Abel, R., Göttges, I. (2022.2): Biodynamische GeburtstraumatherapieR. Mein Weg ins Leben. BoD Norderstedt

Abel, R., Göttges, I. (2023): Über den Körper die Seelen heilen – die Umsetzung dieser essentiellen Haltung in der biodynamischen GeburtstraumatherapieR. In: Beiträge der 23. GBP-Fachtagung 2022. BoD Norderstedt. 75-106

Abel, R., Schirrmeister, J. (2015/2016): Sterbebegleitung auf pädiatrischen Intensivstationen. Pädiatrische Praxis 85, 403-414

Abel, R. (2018): Der Start ins Leben. Wie prägen Empfängnis, Schwangerschaft, Geburt und postnatale Zeit unser Leben? In Thielen, M., von Arnim, A., Willach-Holzapfel, A. hrsg.: Lebenszyklen – Körperrhythmen. Psychosozial-Verlag, Gießen

Alberti, B. (2005.8.): Die Seele fühlt von Anfang an. Wie pränatale Erfahrungen unsere Beziehungsfähigkeit prägen. Kösel, München

Alberti, B. (2013.6): Seelische Trümmer. Kösel, München

Baer, U., Frick-Baer, G. (2013.3.): Wie Traumata in die nächste Generation wirken. Untersuchungen, Erfahrungen, therapeutische Hilfen. Semnos, Neukirchen-Vlyn

Bercelli, D. (2010.2): Körperübungen für die Traumaheilung. Norddt. Inst. für Bioenergetische Analyse e.V., Elsfleth

Bode, S. (2004.3): Die vergessene Generation. Kriegskinder brechen ihr Schweigen. Klett Cotta, Stuttgart

Bode, S. (2011): Nachkriegskinder. Die 1950er Jahrgänge und ihre Soldatenväter. Klett Cotta, Stuttgart

Bortz , J. (1993.4): Statistik für Sozialwissenschaftler. Springer Verlag, Heidelberg

Boyesen, G. (1989): Über den Körper die Seele heilen. Kösel, München

Boyesen, G., Boyesen, M.-L. (1987): Biodynamik des Lebens. Die Gerda-Boyesen-Methode. Synthesis, Essen

Brock, I., hrsg. (2018): Wie die Geburtserfahrung unser Leben prägt. Perspektiven für Geburtshilfe, Entwicklungspsychologie und Prävention früher Störungen. Psychosozial-Verlag, Gießen

Chamberlain, S. (2003.4.): Adolf Hitler, die deutsche Mutter und ihr erstes Kind: Über zwei NS-Erziehungsbücher. Psychosozial Verlag, Gießen

Dana, D. (2018): Die Polyvagal-Theorie in der Therapie, Probst-Verlag, Lichtenau

Emerson, W. (1996): Behandlung von Geburtstraumata bei Säuglingen und Kindern. Mattes, Heidelberg

Franke G.H. (2014): Symptom-Checklist-90®-Standard 1. Auflage. Hogrefe Verlag, Göttingen

Haudel, T., Schubert, T. (2018): Studie zur Wirksamkeit ambulanter Biodynamischer Psychotherapie bei depressiven Erkrankungen. GBP e.v. Books on Demand, Norderstedt

Heintges, M. (2006): Pränatale Bindungsstörungen: Ursachen, Auswirkungen und Ausdruck. Dipl.-Arbeit Hochschule Darmstadt

Hidas, G., Raffai, J. Vollner, J. (2021.3): Nabelschnur der Seele. Psychoanalytisch orientierte Förderung der vorgeburtlichen Bindung zwischen Mutter und Baby. Psychosozial-Verlag, Gießen

Hubbell Maiden, A., Farwell, E. (1999): Willkommen in dieser Welt. Die tibetische Kunst, Kinder ins Leben zu begleiten. Kösel, München

Janus, L. (2013.4): Der Seelenraum des Ungeborenen. Pränatale Psychologie und Therapie. Patmos, Ostfildern

Janus, L. hrsg (2013.2): Die pränatale Dimension in der Psychotherapie. Mattes-Verlag, Heidelberg

Janus, L. (2015): Geburt. Psychosozial-Verlag, Gießen

Koemeda-Lutz, M. et al (2006): Evaluation der Wirksamkeit von ambulanten Körperpsychotherapien – EWAK. Psychother Psych Med 2006; S6 1-8. Thieme Verlag, Stuttgart

Kolk, B. van der (2016): Traumasporen. Het herstel van lichaam, brein en geest na overweldigende ervaringen. Uitgeverij Mens!, Eeserveen. Niederlande.
Original (2014): the body keeps the Score-Brain, Mind and Body

in the Healing of Trauma. Penguin Random House LLC. USA

Leboyer, F. (1979): Sanfte Hände. Die traditionelle Kunst der indischen Baby-Massage. Kösel, München

Likert, R. (1932): A Technique for the Measurement of Attitudes. In: Archives of Psychology. Band 22, Nr. 140, S. 1–55 (englisch).

Lommel, P. van (2009): Endloses Bewusstsein. Neue medizinische Fakten zur Nahtoderfahrung. Patmos, Ostfildern

Moorjani, A. (2012): Heilung im Licht. Goldmann, München

Nilsson, L. (2009): Ein Kind entsteht. Mosaik Goldmann-Verlag, München

Ogden, P., Minton, K., Pain, C. (2006): Trauma and the Body. A Sensorimotor Approach to Psycho-therapy. W.W.Norton&Company Inc., New York / London

Porges, S. (2010): Die Polyvagal-Theorie: Neurophysiologische Grundlagen der Therapie. Emotionen, Bindung, Kommunikation und ihre Entstehung. Junfermann-Verlag. Paderborn

Rank, O. (2007): Das Trauma der Geburt und seine Bedeutung für die Psychoanalyse. Psychosozial-Verlag, Gießen

Reich, E., (2021) Zornanszky-Gramantik, E.: Lebensenergie durch Sanfte Bioenergetik. Die Schmetterlingsmassage und weitere körpertherapeutische Behandlungsmethoden. Psychosozial-Verlag, Gießen

Reich, W. (2018): Kinder der Zukunft. Zur Prävention sexueller Pathologien. Psychosozial-Verlag, Gießen

Renggli, F. (2020.2): Früheste Erfahrungen – ein Schlüssel zum Leben. Wie unsere Traumata aus Schwangerschaft und Geburt ausheilen können. Psychosozial-Verlag, Gießen

Rödel, H. (2009): Als meine Seele Mensch wurde. Pränatale Psychologie und Kunst. Mit Beitragen von H. Rödel, Karlton Terry und Ludwig Janus. Mattes Verlag, Heidelberg

Sadler, T.W. (1998.9): Medizinische Embryologie. Thieme Verlag, Stuttgart

Schrey, S., Stepan, H. (2016): Pränatale Epigenetische Prägung. Stand des Wissens. Deutsches Ärzteblatt, 113 (45), 2040-2044

St. John, R. (1984): Metamorphose. Die pränatale Therapie. Synthesis, Essen

Terry, K. (2014): Vom Schreien zum Schmusen, vom Weinen zur Wonne. Babys verstehen und heilen. Axel Jentzsch Verlag, Wien

Terry, K. (2005): The sperm journey. The egg journey. Biological stages and some psychological correlates. Editorial Colibri, Santa Maria la Ribera. USA

Thielen, M. (2009): Säuglingsforschung – Selbstregulation – Körperpsychotherapie. In: Thielen, M. (Hrsg.): Körper – Gefühl – Denken. Körperpsychotherapie und Selbstregulation. Psychosozial-Verlag, Gießen, 187-208

https://www.wissenschaft.de/erde-umwelt

TEIL II

Bachelorthesis

Prä-, peri- und postnatale Traumata bei Erwachsenen

Ansätze der Körperpsychotherapie am Beispiel der Biodynamischen Geburtstraumatherapie®

Bachelorarbeit zur Abschlussprüfung an der Hochschule Darmstadt

Fachbereich Soziale Arbeit

Studiengang Soziale Arbeit Bachelor of Arts PO 20091

vorgelegt von:

Svenja Thurmann

Matrikelnummer: 766805

Abgabedatum: 22. Juni 2022

Prüfer:

1. Prüfer: Herr Prof. Dr. Phil. Holger Jessel

2. Prüfer: Herr Volker Staschke

Inhalt

Glossar, Abkürzungsverzeichnis, Abbildungsverzeichnis, Anhang 1 Kodiersystem, Anhang 2 Transkript Anja Lamm, Anhang 3 Transkript Gerd Zoja und Eidesstattliche Erklärung sind nicht in der Zusammenfassung übernommen.

1. Einleitung

Unser Start in das Leben hat eine maßgebliche Bedeutung für die Art und Weise, wie wir unser späteres Leben führen. Allen voran erweisen sich die Phasen und Erlebnisse von der Schwangerschaft und der Geburt, aber auch kleine unwichtig erscheinende Faktoren, als wichtige und ausschlaggebende Ursachen für spätere Verhaltens-, Beziehungs-, Denk- oder Bindungsmuster. Diese neugewonnenen Erkenntnisse über prä- und perinatale Psychologie eröffnen neue Chancen, aber auch gesellschaftliche Verantwortung zugleich.

Bis zum heutigen Tag gibt es zahlreiche unterschiedliche Therapieausrichtungen, Ansätze und Methoden, mit denen versucht wird Menschen bei der Bearbeitung ihrer traumatischen Erfahrungen zu unterstützen. Ein Beispiel für traumatische Erlebnisse sind vorgeburtliche Traumata, die einen unbewusst auch noch im Erwachsenenalter negativ beeinflussen können. Für diesen Bereich eignen sich laut Terry und Janus körperorientierte Settings besonders gut.[1] Da sich die Ereignisse in der vorsprachlichen Zeit abspielen und somit nicht frei zugänglich sind, bieten körperorientierte Ansätze effektive Methoden, um diese zellulär gespeicherten Informationen abzurufen.

Passend hierzu erhielt ich die Möglichkeit einen weiterentwickelten Ansatz der Körperpsychotherapie: Die Biodynamische Geburtstraumatherapie®[2] von Renate Abel, kennenlernen zu dürfen. Da sowohl meine persönliche als auch berufliche Faszination bei den Zusammenhängen zwischen frühesten Lebenserfahrungen und der Entwick-

1 Vgl. Janus, 2014, S.7

2 Aus Gründen der besseren Lesbarkeit wird auf die Verwendung des Markenrechts in Form von ® hinter der Biodynamischen Geburtstraumatherapie verzichtet.

44

lung eines Menschen liegt, boten diese zwei Voraussetzungen eine ideale Grundlage für das Thema dieser Arbeit.
Bis dato gibt es sehr wenig Literatur und vor allem Forschung über den biodynamischen Ansatz der Körperpsychotherapie. Aus diesem Grund möchte ich mit dieser Arbeit zum einen für die möglichen Auswirkungen von vorgeburtlichen und geburtlichen Erfahrungen sensibilisieren und viel mehr noch einen eigenen Beitrag über die Erfahrungen der Teilnehmenden leisten.

Im Zuge dessen ist die qualitative Sozialforschung mit dem Forschungsgenstand der Biodynamischen Geburtstraumatherapie ein Bestandteil dieser Thesis.
Ziel der Forschung ist die Beantwortungen der folgenden Frage: Welche Wirkung zeigt die Biodynamische Geburtstraumatherapie?

3 Aus Gründen
der besseren Les-
barkeit wird auf
die gleichzeitige
Verwendung der
Sprachformen
männlich, weib-
lich und divers
(m/w/d) verzich-
tet. Sämtliche
Personenbe-
zeichnungen
gelten gleicher-
maßen für alle
Geschlechter.

Bevor auf die Forschung näher eingegangen wird, erhält der Lesende [3] ein theoretische Basis. Zunächst gibt es eine Einführung in die weit zurückreichende Geschichte und Entwicklung der pränatalen Psychologie. Da in folgenden Kapiteln vermehrt auf die Begriffe Trauma oder Stress eingegangen wird, gibt es einen Exkurs in die psychologischen und physiologischen Auslöser von Stress oder einer traumatischen Erfahrung. Auf diesen Grundlagen können nun Faktoren der vorgeburtlichen und geburtlichen Zeit aufgezeigt werden, die mögliche traumatische Erfahrungen auslösen und wie sich diese im Entwicklungsverlauf äußern können. Wie bereits erwähnt eignet sich die Körperpsychotherapie für die therapeutische Bearbeitung von Traumata im vorsprachlichen Raum. Daher gibt es zunächst eine Einführung in die körperorientiere Psychologie. Hier werden beispielhaft einige Ansätze aufgezeigt, bevor näher auf den biodynamischen Ansatz eingegangen wird. Anschließend wird das Konzept der Biodynamischen Geburtstraumatherapie näher erläutert und auch beschrieben.

Im zweiten Teil der Thesis befindet sich die qualitative Forschung. Hier wird zunächst ein umfassender Einblick in das forschungsmethodische Vorgehen ermöglicht, um die Erarbeitung der Ergebnisse transparent und nachvollziehbar zu gestalten. Um die Forschungsfrage beantwortet zu können, werden Teilnehmende der Biodynamischen-Geburtstraumatherapie nach ihren Erfahrungen befragt. Nachfolgend werden die Ergebnisse interpretiert und anschließend mit einer Diskussion und einem abschließenden Fazit auch mit Bezug auf die Soziale Arbeit abgerundet.

2. Einführung in die prä-, peri- und postnatale Psychologie

In unserem Kulturkreis ging man in früheren Jahrhunderten davon aus, dass Erlebnisse während der Schwangerschaft Auswirkungen auf die Mutter und auf das ungeborene Kind hatten.

Diese Ansichten konnte sich durch den im 19. Jahrhundert beginnenden Einfluss der Naturwissenschaften nicht mehr halten. Dr. med. Verny schreibt: „Aber gleichzeitig entwickelten die Ärzte einen fast irrationalen Argwohn gegen alles, was man nicht wiegen, messen oder unter ein Mikroskop schieben kann. Gefühle und Emotionen galten als zu vernebelt, zu schwer fassbar und zu unbedeutend, um einen Platz in dieser rationalen neuen Welt der PräzisionsMedizin zu haben." [7] Erst durch die beiden unabhängig voneinander im Jahr 1924 erschienenen Veröffentlichungen von Otto Rank (Das Trauma der Geburt)[8] und Gustav Hans Graber (Die Ambivalenz des Kindes) [9] wurde das Thema der Geburt und seiner möglichen Auswirkungen wieder aufgegriffen, und es wurden Leitideen zu einem universellen psychischen Geburtstrauma entwickelt sowie die psychischen Folgewirkungen für das Kind.[10]

In den 50er Jahren war die Haltung von Medizinern gegenüber pränatalem Erleben noch sehr ablehnend.

Thurmann
Seite 3

Thurmann
Seite 4

7 Zit. Kelly, Verny, 1981, S 28

8 Vgl. Rank, 1924
9 Vgl. Graber 1924

10 Vgl. Janus, 2014, S.5

47

11 Vgl. Janus
1993, S. 20

12 Zit. Auster-
mann/ Auster-
mann, 2006,
S.40
13 Vgl. Janus,
2014, S.5

16 Zit. Janus,
2014, S. 6

17 Vgl. Janus
2014, S.6ff

18 Vgl. Janus,
2013, S. 17

Neugeborene wurden oft ohne Betäubung operiert, da Schmerzempfindlichkeit oder generell physisches Erleben nicht angenommen wurde. [11]

„Schreien und Lächeln hielt man für einen Reflex" [12]

Die Gründung der ISPPM (International Society for Prenatal and Perinatal Psychology and Medicine) im Jahr 1971 war ein Durchbruch. [13]

Die Annahme der Wirklichkeit der vorgeburtlichen Entwicklung und der Geburtserfahrung kann nicht selten eine erschütternde Selbstkonfrontation mit eigener Ungewolltheit und Gefährdung auf einer sehr elementaren Ebene bedeuten."[16] Womöglich ist dies auch ein Faktor für die immer noch andauernden Integrationsschwierigkeiten der pränatalpsychologischen Perspektive in die allgemeine Psychotherapie. Durch die gesellschaftliche Resistenz wurde die weitere Forschung weg von der etablierten Psychotherapie (z.B. Verhaltenstherapie) und mehr in Richtung der Humanistischen Psychologie vollzogen.

Durch den Einsatz von psychoaktiven Substanzen (wie LSD) gelangt es 1983 erstmalig frühe vorsprachliche Ebenen des Erlebens zugänglich zu machen. [17] Allerdings fehlte bei der Entdeckung das Wissen, wie gravierend vorgeburtliche Traumatisierungen sein können. [18]

Aufbauend auf dieser Erkenntnis, sowie auf weiteren entwickelten Methoden, wie zum Beispiel die Regressionsarbeit des fachbekannten Primärtherapeuten und Pränatalpsychologen William Emerson, die es ermöglicht, das eigene vorgeburtliche und geburtliche Erleben körperlich und mental wahrzunehmen, erwies sich das körpertherapeutisches Setting mit seiner Akzentuierung von leibeigenen Empfindungen als besonders geeignet, die vorsprachlichen Ebenen prä-, peri- und postnataler Erfahrungen zugänglich zu machen.

„Ganz unabhängig davon entwickelt sich in der medizinisch-epidemiologischen Forschung die Erkenntnis, dass das vorgeburtliche Milieu gewissermaßen die Basis der physiologischen Steuerung der Organismus vorprägt." [19]

19 Zit. Janus, 2014, S.
Thurmann

Seite 6

Die moderne Epigenetik zeigt auf, dass durch Stress oder Traumata pränatale Entwicklungen beeinflusst werden können. In dem Fall ist die Rede von dem zellulären Gedächtnis. Ein weiterer Faktor für die Integrationsschwierigkeiten ist ebenfalls die Kritik der Unwissenschaftlichkeit, da bisher erfahrungswissenschaftliche Ergebnisse, die ja keine objektiven Ergebnisse waren, keine Anerkennung erfuhren. Allerdings konnten in den letzten Jahren durch objektive Wissenschaft der Epigenetik, neuronale Strukturen und Zusammenhänge immer mehr validiert werden. Die aktuellsten und neuesten Erkenntnisse sind unter dem Namen „fetal programming" oder „prenetal programmig" zu finden. Hier wird durch moderne, kontrollierte und umfangreiche Forschung eine Verbindung zwischen epidemiologischer Forschung und der pränatalen Psychologie geschaffen. Ziel ist es, die neuropsychologische Vorgänge von den vorgeburtlichen Prägungen zu erfassen.[20]

20 Vgl. Janus, 2014, S.7

2.1. Die Bedeutung von Trauma und Stress

Thurmann beschreibt in diesem Kapitel die Ursachen und Folgen von Ausnahmesituationen, Bedrohung und psychosozialem Stress auf den menschlichen Körper, das Immunsystem, und letztlich die Existenz.

Thurmann
Seite 7

23 Vgl. Bear und Frick-Bear, 2013, S. 19

Eine traumatische Erfahrung wird als Ohnmachtsgefühl erlebt. Die betroffene Person fühlt sich der Situation ausgeliefert und erlebt sich selber als unwirksam, da es gibt keine Wahl- oder Handlungsmöglichkeit gibt.[23] Obwohl der Körper von Adrenalin und Energie überschüttet wird, sind die leibeigenen Schutzfunktionen blockiert und somit ist eine Flucht, aber auch der Angriff, nicht mehr möglich. Der Körper ist praktisch wie erstarrt und stellt sich im Urgedanken tot. Aufgrund der Angst vor dem Vernichtet werden und der existenziellen Bedrohung kann ein Trauma auch als Nahtoderfahrung beschrieben. Im Hinblick auf die Thematik der Bachelorarbeit kann eine solche Angst auch ausgelöst werden, wenn Menschen schon früh die Erfahrung von Ablehnung, Schreck oder Bedrohung erfahren. Das Ungeborene kann auf diese negativen Gefühle von Verlassenheit und Ungewollt sein nur bedingt reagieren. [24]

24 Vgl. Renggli, 2020, S. 29

„…es ist nahezu zur Unbeweglichkeit verurteilt. Es kann weder angreifen noch fliehen, denn Flucht würde den sicheren Tod bedeuten. Es kann sich höchstens verspannen, also seine Muskeln verhärten, oder dissoziieren, das heißt, seine Seele verlässt den Körper."[25]

25 Zit. Renggli, 2020, S. 30

Traumata können nicht nur durch ein Traumaereignis entstehen, sondern ebenfalls über lang andauernde ungünstige Zustände. Beispielsweise, wenn die Eltern unfähig sind, die emotionalen Bedürfnisse über einen langen Zeitraum nicht zu erfüllen. Diese Aspekte zeigen auf, dass ein Trauma ein Erlebensprozess am eigenen Leib ist, also was der Mensch mit dem eigenen Körper wahrnehmen und erleben kann.

Die Basis eines Traumas ist also mehr physiologischer als psychologischer Herkunft. Wie bereits beschrieben, gibt es während des Ereignisses keine reflexive Handlungsoption, denn der Körper schaltet instinktiv auf die primären Ur- und Hauptfunktionen des Gehirns: Das pure Überleben sicherstellen. Dieser biologisch-neuronale Prozess hat seinen Ursprung bereits vor 280 Millionen Jahren. Neben den oben genannten körperlichen Reaktionen wurden bis zu 20 weitere Symptome beobachtet. [26]

Im Vergleich zu den Menschen haben tierische Wesen die Schutzstrategie entwickelt, die verbleibende Restenergie des Traumas „aus dem Körper zu zittern".

Menschen hingegen unterdrücken die instinktive Strategie, die während des Traumas freigewordene Energie wieder aus dem Körper zu bringen, und können somit die Blockade selten alleine lösen. Häufig gelingt es nur mit äußerer Hilfe, diese Energie zu lösen, was aber nicht zwangsläufig bedeutet, dass auch das Trauma gelöst ist. [27]

Im weiteren Verlauf der Arbeit wird unter anderem beschrieben, wie mithilfe der Biodynamischen Geburts-

Thurmann
Seite 8

26 Vgl. Kline/
Levine, S. 2005
22f

27 Vgl. Renggli,
2020, S.29 9 |

traumatherapie unverarbeitete prä-, peri- oder postnatale Traumata und die damit verbliebenen Blockaden in weiten Teilen gelöst werden können.

2.2. Die prä-, peri und postnatalen Prägungsfaktoren

Dieses Kapitel beschäftigt sich mit den Faktoren, die zu einem prä-, peri- oder postnatalen Trauma führen können. ... es geht darum, ein Verständnis für den sensiblen Zustand des Ungeborenen und späteren Säuglings zu entwickeln

2.2.1. Pränatale Prägungsfaktoren
Die Ablehnung der Schwangerschaft
Die Entdeckung der Schwangerschaft gehört mit zu einer der wichtigsten prägenden Faktoren für die spätere Entwicklung des Menschen, insbesondere im Hinblick auf die spätere Bindungs- und Beziehungsfähigkeit.

Thurmann

Seite 9

Eine freudige Reaktion auf die Schwangerschaft ist die Grundlage dafür, dass sich Urvertrauen entwickeln kann. Diese Voraussetzung ist gerade bei ungewollten Kindern oder Überraschungskindern nicht immer gegeben. [28] Fachleute sprechen hierbei von einem Entdeckungstrauma. Der Moment, in dem die Frau die Schwangerschaft bemerkt, kann von hochambivalenten Gefühlen wie großer Freude gepaart mit Angst, Sorgen oder Unsicherheiten begleitet sein. Diese Gefühle können sowohl den Verlauf der Schwangerschaft bis hin zur Geburt als auch

28 Vgl. Thurmann, 2018, S. 23

die sich entwickelnde Mutter-Kind-Beziehung beeinflussen. Studien zeigen, dass sich bei 90 Prozent der Frauen die anfänglichen negativen Gefühle auflösen und positiv entwickeln, sobald die Mutter die ersten Bewegungen des Ungeborenen spürt. Nichtsdestoweniger bleibt der erste Eindruck, der sich später beispielsweise in Kontakthemmung oder Bindungsängsten zeigen kann. [29]

29 Vgl. Brönner, Thurmann, 2020, S. 38

Ein weiterer Aspekt ist die Frage, ob das Geschlecht erwünscht ist. Diese Ablehnung kann eine lebenslange, tief traumatische Kränkung sein. „Der Säugling würde dann für etwas abgelehnt werden, worauf es ebenso wenig Einfluss hat wie auf eine grundsätzliche Ablehnung seiner Existenz" Unverarbeitet können diese Kränkungen dauerhafte Auswirkungen auf das Wohlergehen, die Intimität, Bindung und die zwischenmenschliche Interaktion haben.[30]

30 Vgl. Thurmann, 2015, S. 25

<u>Vorgeburtlicher Stress</u>
Sowohl das biologische, als auch das psychische Leben eines ungeborenen Kindes hängen unmittelbar mit der Mutter sowie ihrer Umwelt zusammen. Das Kind und die Mutter bilden zusammen eine Einheit. [31]
Mütterlicher Stress durch äußerliche Einflüsse lässt sich während der Schwangerschaft kaum vermeiden. Zahlreiche Faktoren wie Naturkatastrophen, Tod eines nahen Angehörigen, finanzielle Probleme, Konflikte mit dem Partner, der Familie oder der Arbeit, Angst vor einer Behinderung, Krankheit oder Depressionen zählen zu

31 Vgl. Klippel-Heidekrüger, 2022, S. 37

53

stressbedingten Faktoren. Das ungeborene Kind ist mit den Emotionen, wie Trauer oder großer Sorge der Mutter konfrontiert. In Stresssituationen werden vom Körper die Hormone Adrenalin und Cortisol gebildet, welche die Entwicklungsphasen des Gehirns beeinflussen. Bei besonders dramatischen Stressfaktoren wie einem überlebten Abtreibungsversuch, kann die Neuralrohrbildung, welche für die Bildung der Gehirn- und Rückenmark verantwortlich ist, soweit eingeschränkt und gehemmt werden, dass es zu einer Spaltbildung von dem Schädel oder der Wirbelsäule führen kann.[32]

32 Vgl. Linderkamp, 2014, S. 29

Wenn es in der Schwangerschaft zu einem überwältigenden Stressereignis kommt, schaltet das Ungeborene in einen biologischen Überlebensmechanismus. Die körperliche Auswirkung kann sich von äußeren Verkrampfungen bis hin zur inneren Erstarrung steigern. Bei einer entspannten und ruhigen Schwangerschaft, kann der Fötus die Sicherheit der Umgebung auskosten und Bewegungsabläufe ausprobieren.

Vorgeburtlicher Zwillingsverlust
Die Thematik des vorgeburtlichen Zwillingsverlustes ist bereits in der Medizin und auch Psychotherapie bekannt. Zunehmend wird auch die prägende Bedeutung eines, sei es noch so frühen, erlebten Zwillingsverlustes anerkannt. Genauere Angaben über die Anzahl der Doppelempfängnisse existiert bisher nicht. Experten sind sich uneinig und schätzen die schwankenden Zahlen auf bis zu sechzig Pro-

zent ein, während andere Fachleute der Meinung sind, die Zahl liegt zwischen 10 bis 30 Prozent. [35]

„Was sich im Mutterleib abspielt, wenn einer stirbt, ist für den Überlebenden eine Katastrophe ungeheuren Ausmaßes. Ein lautloses Drama mit schlimmsten Folgen." [36]

Seit es das bildgebende Verfahren des Ultraschalls gibt, ist es zumindest im späteren Verlauf der Schwangerschaft nachprüfbar, dass tatsächlich bei so vielen Schwangerschaften Embryonen verlorengegangen sind. Darüber hinaus macht die im späteren Verlauf der Arbeit näher beschriebene Methode der systemischen Aufstellungsarbeit ebenfalls den Verlust eines Zwillings sichtbar. Menschen, die bereits während der Schwangerschaft einen Zwilling verloren haben, reagieren ähnlich, wie erwachsene Personen, bei denen der Zwilling kürzlich verstorben ist. Die Zwillingsforschung zeigt auf, das Erwachsene sehr lange und intensiv um den Verlust des Zwillings trauern. Selbst wenn der Kontakt zu Lebzeiten auseinandergegangen ist, fühlen sich die Personen plötzlich einsam und leer. Große Schuldgefühle gegenüber dem verstorbenen Zwilling hemmen die Lebensfreude des Anderen teilweise über Jahrzehnte hinweg.[37] Bei einem vorgeburtlichen Zwilling kommt der Schreck des Verlustes hinzu. Um es vorstellbarer zu gestalten: Der Zwilling ist in direktem leiblichen Kontakt mit dem anderen Zwilling, welcher gerade am Sterben ist. Der Herzschlag wird mit der Zeit schwächer, genauso wie die Bewegungen, bis diese irgendwann ganz aufhören. Der Zwilling ist leblos, aber unmittelbar neben

35 Vgl. Fischern/ Thurmann, 2020, ohne Seitenangabe

36 Zit. Austermann/ Austermann, 2006, S. 75

Thurmann
Seite 11

37 Vgl. Austermann/ Austermann, 2006, S. 75f

dem überlebenden Zwilling im Mutterleib. Üblicherweise zersetzen sich die Körperzellen vollständig und gehen in das mütterliche Gewebe über. Sollte es aber zu einem deutlich späteren Zeitpunkt zu einem Versterben des Zwillings kommen, muss der überlebende Zwilling noch bis zur Geburt neben dem leblosen Körper verharren. [38]

38 Vgl. Austermann/ Austermann, 2006, S. 81

Der Zwilling ist die erste Bindungsperson. Durch den intrauterinen Kontakt ist die Bindung zwischen Zwillingen sogar intensiver, als die Bindung zur eigenen Mutter. Das erklärt auch, warum ein Zwillingsverlust eine so tiefe und nachhaltige Erschütterung des Bindungsmusters darstellt und langjährige Auswirkungen haben kann. Als langfristige Auswirkung können Belastungen in Bezug auf Beziehungen, Freundschaften und dem generellen Kontakt zu anderen Menschen auftreten. Auch das mangelnde Vertrauen in Beziehungen kann eine Folge sein. Das erlittene Ohnmachtsgefühl kann als Kompensation spätere Gefühle des Kontrollwunsches oder aber auch eigene Ohnmachtsgefühle hervorrufen. [39]

39 Vgl. Austermann/ Austermann, 2006, S. 65

2.2.2. Perinatale Prägungsfaktoren

Sowohl Geburtseinleitungen als auch unterschiedliche Interventionsmaßnahmen wie die Anästhesie und auch der Kaiserschnitt sind nach wie vor in vielen Fällen eine medizinische Notwendigkeit. Auf die physischen Konsequenzen und Komplikationen der medizinischen Eingriffe wird im Rahmen dieser Ausarbeitung nicht näher eingegangen. Die potentiell negativen psychischen Auswirkungen stehen hier im Vordergrund, um auf die Ursachen traumatischer Erfahrungen zu schließen. Das heißt allerdings nicht, dass die geburtshilflichen Maßnahmen grundlegend negativ sind. [40] Dennoch gilt „Interventionsfreie Maßnahmen sind mit inzwischen nur noch 7% selten geworden." [41]

40 Vgl. Emerson, 1997, S. 134
41 Zit. Thurmann, 2015, S.34

Geburtshilfliche medizinische Eingriffe, Geburtseinleitung und PDA

Natürlicherweise beginnt die Geburt mit dem Einsetzen der ersten Wehen. Diese werden über biochemische Botenstoffe des Kindes bei der Mutter ausgelöst. Für die Mutter ist dies das Zeichen, dass das Kind bereit ist. Bei einer Geburtseinleitung ist das nicht der Fall. Die Mutter oder die zuständigen Ärzte entscheiden aus den unterschiedlichsten Gründen über den Zeitpunkt der Geburt.[42] In etwa 20–25% aller Schwangerschaften wird die Geburt durch eine methodische oder medikamentöse Einleitung, wie durch beispielsweise das Medikament Oxytocin, begonnen.[43] ... Durch die Geburtseinleitung wird in den natürlichen Ablauf der Geburt eingegriffen. Das natürliche Tempo des Fötus wird übergangen, und es kommt somit zu einer Grenzverletzung. Das gleiche geschieht bei der Wehenbeschleunigung. Hier wird ein wehenförderndes Medikament eingesetzt, um die Geburt anzutreiben. Das Ungeborene hat keinen Einfluss auf den Start in sein Leben. Durch die eingeschränkten Reaktions- und Handlungsmöglichkeiten erlebt es sich selber in der Situation als unwirksam und ohnmächtig. ... Künstliches Oxytocin

42 Vgl. Thurmann, 2015, S. 33

43 Vgl. Schäffer, 2013, S. 571

44 Vgl. Plothe,
2009, S. 233

45 Zit. Plothe,
2009, S. 233

wird als Mittel zur Geburtseinleitung verwendet. [44]

„Da z.B. in den USA fast 80% aller Geburten unter Oxytocingabe erfolgen, könnten die Konsequenzen der Applikationen von gesellschaftlicher Bedeutung sein." [45]

Natürliches Oxytocin ist ein körpereigenes Hormon, welches für die Steuerung von Sozialverhalten, mütterlicher Fürsorge und sozialer Bindung zuständig ist. Wird der Säugling nach der Geburt auf die Brust der Mutter gelegt, müsste der Körper nun das Hormon Oxytocin produzieren, um somit die elementare Bindung zwischen Mutter und Kind aufzubauen. Dadurch, dass sowohl die Mutter, als auch der Säugling während der Geburt bereits mit künstlichem Oxytocin überschwemmt wurde, sind die Rezeptoren nicht mehr frei und der Lerneffekt bleibt aus, da keine neuen Bindungshormone mehr produziert werden können. Neben Bindungsproblemen, als Hauptfolge von Geburtseinleitung durch Oxytocin, gibt es weitere mögliche Folgen wie Kontrollkomplexe, verursacht durch den massiven Kontrollverlust, der während der Geburt erlitten wurde. [46] Aktiviert werden diese Kontrollmechanismen häufig durch Lebenssituationen, die symbolisch der Geburt entsprechen. …, in denen es um die eigene Wirksamkeit geht. Besonders deutlich kann sich das in klassischen Übergangssituationen wie der Eingewöhnung in den Kindergarten, der Wechsel vom Kindergarten in die Grundschule oder bei Umzügen zeigen. [47] …

46 Vgl. Plothe,
2009, S. 233-245

47 Vgl. Emerson,
1997, S. 137

Ähnlich wie bei der Geburtseinleitung wird auch durch

die PDA medikamentös eingegriffen. Die Periduralanästhesie ist ein Betäubungs- und Schmerzmittel, welches in das Rückenmark gespritzt wird, um den Unterleib zu narkotisieren. Die Dosierung des Narkotikums ist nur auf das Körpergewicht der Mutter eingestellt. Bei einer schnellverlaufenden Geburt ist eine nachhaltige Auswirkung kaum vorhanden. Muss allerdings bei einer länger andauernden Geburt mehrfach nachgespritzt werden, erhöht sich die Auswirkung des Mittels für das Kind. Emerson beobachtet beispielsweise, dass viele Klienten, die unter Einsatz von Anästhetika zur Welt gekommen sind, in Regressionsarbeit von Bewusstseinsbeeinträchtigungen und Kontaktverlust berichten. Der Wunsch des Kindes nach dem Kontakt der Mutter konnte durch die betäubte Wirkung nicht befriedigend ausgefüllt werden. Dies kann ebenfalls eine Ursache für spätere Auffälligkeiten im Bindungsverhalten sein. [48]

48 Vgl. Emerson, 2013, S 73

Kaiserschnitt

Thurmann
Seite 14

Die Rate der Kaiserschnittgeburten ist angestiegen, obwohl gleichzeitig die Fertilitätsrate gesunken ist. Fast jede 3. Geburt in Deutschland im Jahr 2020 ist eine Sectio. Somit hat sich seit dem Jahr 1991 die Kaiserschnittrate fast verdoppelt. [49] Auch hier gilt aufgrund der massiv steigenden Zahlen, die möglichen Auswirkungen zu bedenken, auch im Hinblick auf damit die einhergehenden gesellschaftlichen Veränderungen. [50] Ebenso wie bei den bisher aufgezeigten Prägungsfaktoren, gibt es auch hier keine allgemeingültige Aussage, um von den typischen Kaiserschnittauswirkungen zu berichten. Gleichwohl scheinen

49 Vgl. Statistisches Bundesamt, 2022, Onlinequelle ohne Seitenangabe
50 Vgl. Schwarz, 2014, S.54 ff

bei Kindern und Erwachsenen mit Kaiserschnitterfahrungen vergleichbare Thematiken wie Ein- und Durchschlafstörungen, Bindungsstörungen oder generelle Ängste aufzutreten. Unterschieden wird hier nochmal zwischen dem geplanten und dem sekundären Kaiserschnitt. Der sekundäre Kaiserschnitt beginnt ursprünglich mit einer natürlichen Geburt bis medizinische Ursachen (Sauerstoffmangel, schwächere Herztöne, Nabelschnurumschlingung) zu einem Kaiserschnitt führen. Häufig beginnt der sekundäre Kaiserschnitt mit bereits vorangegangenen notwendigen geburtshilflichen Maßnahmen. Eine geplante Sectio wird in der Regel bereits im Vorfeld geklärt, kann aber aus medizinischen Gründen auch erst kurz vor der Geburt selbst entschieden werden.[51] Laut Franz Renggli gibt es keine schwierigere Art der Geburt als die Sectio. Um sich das vorzustellen: Der Fötus entwickelt sich über Monate im warmen und gewohnten Mutterleib. 9 Monate bereitet sich das Ungeborene, aber auch die Mutter, auf den Weg durch den Geburtskanal vor. Und plötzlich, wie aus dem Nichts, wird das Ungeborene gezwungenermaßen aus seiner gewohnten, warmen Umgebung herausgegriffen und blickt in ein grelles OP-Licht. Noch dazu ist die Umgebung ungewohnt kalt und steril. Bei diesem Prozess wirken mehrere Faktoren zusammen. Das Gefühl von einer natürlichen Geburt, es geschafft zu haben, fehlt. Auch der Mutter und ihrem Körper fehlt die muskuläre Erinnerung, es geschafft zu haben, da dieser Teil weggelassen wurde. Bei einer sekundären Sectio kommen noch die traumatischen Erfahrungen durch Sauerstoffmangel, Schmerz

51 Vgl. Thurmann, 2015, S. 33ff

60

oder andere existenzielle Gefahren. Einige Erwachsene berichten von einem Mangel an Selbstvertrauen oder Selbstwertgefühl. Das Empfinden wird als Gefühl von „sie können es nicht (alleine)" und/oder „sie brauchen andere Menschen, um sie zu retten". Dies kann symbolisch mit einer sekundären Sectio übereinstimmen. Auch hier kann es zu Schwierigkeiten bei dem Bindungsprozess kommen, denn in vielen Fällen wird das Baby nach einem Kaiserschnitt von der Mutter getrennt. Infolgedessen sowie durch die plötzliche Trennung nach einer Sectio kann es gerade im Kindesalter, aber selbst noch im Erwachsenenalter, zu Trennungsängsten kommen.[52]

Thurmann
Seite 15

52 Vgl. Renggli, 2020, S. 54

2.2.3. Postnatale Prägungsfaktoren

Zu einem der bedeutsamsten postnatalen Prägungsfaktoren gehört der Bindungsprozess. Nach der Geburt beginnt die aktive Bindungsentwicklung. … Bereits in den vorherigen Kapiteln wurden als psychische Auswirkung verschiedenster Ursachen Bindungsstörungen oder Ambivalenzen in dem Beziehungsverhalten thematisiert. …

Bindung
… In der Bindungstheorie wird von einem elementaren Bedürfnis nach Nähe ausgegangen. Durch die Erfahrungen der Mutter-Kind-Interaktionen entstehen die Muster des inneren Bindungsmodells. Die primäre Bindungsperson ist in der Regel die Person, die sich am intensivsten um das Baby kümmert. Sie dient dem Säugling als sichere Basis und ist dafür zuständig, die elementaren Bedürf-

Thurmann

Seite 16

55 Vgl. Bowlby,
2021, S.101

56 Zit. Bowlby,
2021, S. 100

57 Vgl. Plothe,
2009, S.233

58 Vgl. Abel/
Göttges, 2020,
S.5

nisse (Schutz, Nahrung, Liebe, Trost, Mitgefühl) adäquat zu erfüllen. Ist dies der Fall, verfügt das Kind lebenslang über das innere Arbeitsmodell einer sicheren Bindung. Neben diesem Muster gibt es noch zwei weitere Hauptkategorien. Bei der unsicher-vermeidenden Bindung wird die Mutter als abweisend und distanziert erlebt. Diese Ablehnung kann sich massiv auf das Selbstbild und die Beziehungsfähigkeit auswirken. Im Modell der unsicherambivalenten Bindung wird das Verhalten der Mutter als unberechenbar und nicht vorhersehbar erlebt. [55]

„Die Verknüpfung des für das Bindungsverhalten zuständigen Regelkreises mit den in der Kindheit ausgebildeten inneren Modelle des Selbst und der Bindungsfigur wird somit als zentrales, lebenslang wirksames Persönlichkeitsmerkmal definiert." [56]

… Bei einem gestörten Bindungsverhalten wurde das Bedürfnis nach Schutz und Nähe in einer bedrohlich wirkenden Situation nicht angemessen oder unzureichend von der Bezugsperson beantwortet. Zu einem gestörten Bindungsverhalten können dementsprechend Faktoren, wie beispielsweise eine direkte längere Trennung nach der Geburt, führen. Bedingt durch die mangelnde Oxytocin Ausschüttung kann sich keine adäquate Bindung entwickeln. [57]

Stressvolle Ereignisse, Fehlkommunikation der Eltern, inkonsistente Verfügbarkeit oder auch Abweisung der Person oder des Geschlechts können beim Kind Stress auslösen und sich negativ auf das spätere Bindungsverhalten auswirken. [58]

3. Körperpsychotherapie

3.1. Einführung in die Körperpsychotherapie

.... Das körperpsychotherapeutische Paradigma geht davon aus, dass der Körper zellulär Informationen über Traumen oder tiefgehende Erlebnisse speichert und bearbeitet, sodass sich seelische Beschwerden in Form von körperlichen oder psychischen Erscheinungen manifestieren. Diese Informationen sind aber nicht über den bewussten sprachlichen und kognitiven Zugang möglich, da sie, bezogen auf die Thematik der Ausarbeitung, im vorsprachlichen Raum stattfinden. Der Zugang der körperorientierten Psychologie ist der leiblich-physische Weg.[59]

Thurmann
Seite 17

59 Vgl. Braun, 2015, S. 7

... Das holistische Menschenbild der Körperpsychotherapie betrachtet den Menschen als eine Einheit von Körper-SeeleGeist. Er ist nicht nur eine objektive Einheit, sondern auch eine subjektive Einheit durch die Erfahrungen. Zwar können psychologische und physiologische Prozesse differenziert werden, sind aber zugleich eine Einheit, welche aber nicht im hierarchischen Zusammenhang zueinanderstehen.[60] ... Der Arzt, Psychiater und Psychoanalytiker Wilhelm Reich, der im Konflikt zu Freuds Psychoanalyse stand, welcher den leiblichen Bezug ablehnte, fand Zusammenhänge zwischen den psychischen Blockaden und muskulären Verspannungen. Diese nennt er Körperpanzer. ...

60 Vgl. Geuter, 2015, S. 2f

... „Therapeutengeneration für Generation entstand so der bunte Strauß Therapieschulen, die wir bis heute als Körperorientierte Psychotherapie zusammenfassen."[64] ...

Thurmann
Seite 18

64 Zit. Braun, 2015, S. 8

Bisher gibt es wenig kontrollierte Studien, die tatsächlich die Wirksamkeit der körperorientierten Therapieverfahren bestätigten. Durch ein qualifiziertes Verfahren der European Association for Body Psychotherapy (EABP) kann sich eine Methode zusätzlich qualifizieren. Hierbei ist zu erwähnen, dass es ursprünglich einen Unterschied zwischen Körpertherapie (KT) und Körperpsychotherapie (KPT) gibt. Erst mit der Qualifikation der EABP erlangt ein Körpertherapieverfahren den Zusatz „Psycho". ...

Trotz der bisher geringen Anzahl an kontrollierten Studien, erhielt die Körperpsychotherapie durch wissenschaftliche neurologische Forschung das Ergebnis, dass tatsächlich ein direkter Zusammenhang zwischen Körper und Psyche, sowie die gegenseitige Einflussnahme aufeinander existierte. [67] Gerade für die Forschung in Richtung prä-, peri- und postnataler Psychologie, sind diese Erkenntnisse ausschlaggebend.

67 Vgl. Braun, 2015, S.10f

3.2. Ansätze der Körperpsychotherapie

Um noch einmal auf die Heterogenität der Methodenvielfalt zurück zu kommen, werden im Folgenden beispielhaft zwei Ansätze der körperorientierten Psychotherapie vorgestellt. Durch die Relevanz dieser Arbeit wird auf die Methode der Biodynamik im Gegensatz zu den zwei Methoden expliziter eingegangen.

3.2.1. Analytische Körperpsychotherapie

Die analytische Körperpsychotherapie bietet die Möglichkeit des Bewusstwerdens von latenten Bedeutungen der

Körpersprache. Unbewusste Beziehungsrepräsentanten aus früheren Erfahrungen können im therapeutischen Setting szenisch und körperlich abgerufen und im Resonanzprozess von Übertragung und Gegenübertragung bearbeitet werden. Das Leitbild sieht den Körper in der Übertragung als dialogisch an. [68]

68 Vgl. Geuter, 2015, S. 64f

3.2.2. Autogenes Training

Mit dem Autogenen Training soll auf der Basis der Entspannung anhand von Übungen alles erreicht werden, was durch pure Entspannung ebenfalls bewirkt werden kann. Das Autogene Training bietet den Vorteil, durch die gezielten Übungen in kurz- oder langfristigen Stresssituationen wie beispielsweise eine Prüfungsvorbereitung, die typischen Spannungszustände durch aktive Erholung zu unterbrechen. Der Betroffene kann dadurch wieder in einen mittleren Spannungszustand versetzt werden. Das Autogene Training hat somit das Ziel der Erholung, Selbstregulierung unwillkürlicher Körperfunktionen, Leistungssteigerung, Schmerzabstellung oder auch Selbstruhigstellung durch die Resonanzdämpfung der Affekte. [69]

69 Vgl. Dora/ Hoffmann/ Stephen/ Stetter, 2017, S.11

3.2.3. Biodynamische Körperpsychotherapie

Entwickelt wurde die Biodynamische Psychotherapie von der norwegischen Psychologin Gerda Boyesen. Bei der Vorgehensweise handelt es sich um eine tiefenpsychologisch fundierte, körperorientierte Therapieform. Die Ursprünge gehen zurück auf die frühe Libidotheorie von Freud, die Körpertherapie nach Reich und Ansätze der

Physiotherapie. Der Begriff biodynamisch setzt sich aus dem Wort „bio", welches für Leben steht, und „dynamisch", welches Kraft bedeutet, zusammen.

Boyesen nutzt diese Begrifflichkeit, um auf das Prinzip der natürlich, spontan fließenden Bewegung der Lebensenergie zu verweisen. [70] Die zentrale Entdeckung von Boyesen ist die Theorie der Psychoperistaltik. Nach Boyesen hat die Darmperistaltik zweierlei Aufgaben. Neben der stofflichen Verdauung, dient der Darm ebenfalls zur Regulation von nervösem Stress, Angst oder auch Konflikten. Sie erfasste, dass sich Störungen von der Psyche und Körper eben nicht nur in muskulären Spannungen, sondern auch in anderen körperlichen Ebenen wie der Haut, das Bindegewebe, Darm oder Faszien zeigen konnten. Diese Gewebepanzer, wie Reich sie nennt, sind also Stoffwechselrückstände, durch nicht aufgearbeitete schwerwiegende emotionale Erlebnisse, die im Gewerbe zurückbleiben und somit eine Barriere für das System darstellen. Boyesen sieht die „Gewebepanzer" als körperliche Ursache für psychosomatische Symptome.

Auf diesen Ergebnissen aufbauend, entwickelt sie Methoden, um bioenergetische Strömungen an seinem psychophysischen Ursprung wieder zum „Fließen" zu bringen und durch die Auflösung der Blockade neurotischen Symptomen oder Verhaltensweisen die Basis zu entziehen. [71] Eine Technik, um diese stagnierenden Kreisläufe wieder zu lösen, sind speziell entwickelte Therapien, die sich unter anderem an dem Modell des vasomotorischen Zyklus

70 Vgl. Freudl, o.J. Onlinequelle ohne Seitenangabe

71 Vgl. Freudl, o.J. Onlinequelle ohne Seitenangabe

orientieren. Der vasomotorische Zyklus beschreibt in der Therapie den klassischen Ablauf einer Auflösung eines traumatischen Ereignisses nach dem Schema ImpulsGipfel-Abklingen. Wird der Zyklus unterbrochen, verbleibt die traumatische Ladung unaufgelöst im Köper. [72] Das folgende Konzept, aufbauend auf dem biodynamischen Geburtsprozess von Ebba Boyesen (Tochter von G. Boyesen) bietet effektive Methoden, um die nicht gelösten Gewebepanzerungen und unverarbeiteten Gefühle aus der vorsprachlichen Prägungszeit über direkte Körperinterventionen bearbeiten zu können.

4. Biodynamische Geburtstraumatherapie®

Thurmann
Seite 20

Der ursprünglich von Ebba Boyesen entwickelte Ansatz der Biodynamischen Geburtsarbeit wurde von Renate Abel, Schülerin von Boyesen, weiterentwickelt. Abel entwarf ein komplexes Konzept, welches Methoden der systemischen Therapie mit dem körperorientierten Ansatz vereint und so ein umfangreiches, ganzheitliches Konzept entwirft.

So entstand die Seminarreihe „Mein Weg ins Leben", welche sich über einen Zeitraum von circa neun Monaten mit einer gleichbleibenden Teilnehmergruppe sowie Assistenzbegleitung erstreckt.

Der Zyklus beginnt mit einem 4-tägigen Workshop, in welchem mit Verfahren der systemischen Aufstellungsarbeit gearbeitet wird. Das darauffolgende Seminar dauert 6 Tage und beinhaltet den intensiven Hauptteil, den Birth-Release-Prozess. Anschließend finden außerhalb der

67

ersten beiden Einheiten, an einzelnen Tagen Seminartage statt, in denen die Teilnehmenden noch für sie offene Probleme und Themen bearbeiten können. Beendet wird der Zyklus mit einer 3-tägigen Einheit zur Bindungsthematik und Abrundung der Prozesse.

Im Folgenden werden die Inhalte und Methoden näher erläutert.

Thurmann
Seite 21

4.1 Das Verfahren der systemischen Aufstellungsarbeit

In der psychosozialen Praxis wird die Methode der systemischen Aufstellungsarbeit, die ihren Ursprung in der systemischen Therapie hat, vielseitig angewandt. ...

4.2. Der Birth-Release-Prozess

Kerninhalt des zweiten Moduls ist der Birth-Release-Prozess. Diese Art der Traumatherapie stellt eine absichtsvolle positive Re-Inszenierung der ursprünglichen Geburt dar und ist ein Selbsterfahrungsprozess, in dem die Schwangerschaft und Geburt sowohl als Kind, als auch als Elternvertretung erlebt wird. Wie bereits in den vorherigen Kapiteln aufgezeigt, sind die Informationen aus der vorsprachlichen Zeit über verschiedene Methoden der körperorientierten Therapie abrufbar. Der Geburtsprozess bietet eine Möglichkeit, diese zellulär gespeicherten Informationen zugänglich zu machen und in das Bewusstsein zu rufen. „Durch diese Geburtsarbeit können geburtstraumatische Muster langfristig aufgelöst und neue Synapsenverbindungen hergestellt werden."[80]

80 Zit. Abel,
2013, S. 11

68

Viele Klienten beschreiben den Prozess auch als eine intensive Ressourcenbildung. Boyesen selbst bezeichnet den Birth-Release als eine positive Renaissance, auch positive Wiedergeburt genannt. [81]

81 Vgl. Abel/ Göttges, 2020, S. 14

Im Kontext des Seminars fanden sich die Teilnehmenden in jeweils 3er Gruppe zusammen. Jede Gruppe wurde fortlaufend durch den Prozess von einer ebenfalls ausgebildeten biodynamischen Körperpsychotherapeutin begleitet. Aus jeder Gruppe hatte jeder Teilnehmer einen Tag Zeit für den eigenen Geburtsprozess. An den anderen beiden Tagen ist die Person jeweils ein Vertreter der Elternrolle. Die begleitenden Therapeuten besprechen im Vorfeld mit den Leitern die Interventionsmethoden für die jeweiligen Thematiken der Anwesenden, um so eine Retraumatisierung zu vermeiden. Zu Beginn des Seminares haben die Teilnehmer Anamnesefragebögen (Bekannte Informationen zu dem Verlauf der Schwangerschaft und Geburt) ausgefüllt, um dem Therapeuten einen Überblick über die Thematik zu verschaffen. In der Gruppe werden dann diese Details und Erfahrungen mit den ausgewählten Kleingruppenteilnehmern geteilt. Dieser Austausch ist maßgeblich wichtig, um eine Retraumatisierung im Prozess sowohl durch die therapeutische Begleitperson, als auch durch die nicht professionellen Teilnehmer zu vermeiden. Ein Vorteil dieser Kleingruppenarbeit ist die intensive positive Bindungserfahrung, welche auch die Selbstanbindung fördert. Für eine bildliche Vorstellung wird im Folgenden ein Prozess mit unterschiedlichen traumatischen Erfahrungen beispielhaft beschrieben. ...

Unter Anleitung der Assistenz werden immer wieder die Bedürfnisse, Gedanken, Wahrnehmungen und Gefühle der Hauptperson abgeklärt, um ein optimales und sicheres Umfeld zu schaffen oder Änderungen des Settings vorzunehmen. Je nach Prozess und den Thematiken der Teilnehmenden sind die Bedürfnisse ganz individuell, um die ideale eigene Geburt zu reinszenieren. ...

Auch hier gilt für jedes Traumamuster, ein individuell angemessenes, positives Heilungsmuster zu entwickeln. Nachdem die eigentliche Geburt vollendet ist, gibt es genügend Zeit für die Phase der Bindungsentwicklung, die aufmerksam in den gesamten Prozess integriert ist. In dem therapeutischen Setting kann das Bedürfnis eines Neugeborenen nach Anerkennung, freudigem Empfangen werden, Ankommen in der neuen Umgebung, Gesehen werden von den Eltern oder auch liebevollen Berührungen nachempfunden und gegeben werden. Tatsächlich können Klienten teilweise so tief in der Regression sein, dass erwachsene Klienten im Prozess aus einer Säuglingsflasche trinken wollen.

Während bei einigen Personen der Bonding-Prozess in einer Stunde abgeschlossen ist, kann diese Phase bei anderen Teilnehmern bis zu 4 oder 5 Stunden dauern. Zurückzuführen ist dies auf die fehlende Bindung oder auch fehlende intensive Zeit mit der Mutter unmittelbar nach der Geburt. Hier können neue Bindungsmuster entstehen, die den Bedürfnissen der Hauptperson entsprechen.

Während des Birth-Release-Prozesses können auch Traumata sichtbar werden, die noch nicht im Rahmen dieser Methode verarbeitet werden können. Hierfür eignen sich die begleitenden Prozesstage, in denen anhand von Traumatherapie nach K. Terry die endgültige Verarbeitung stattfinden kann. [84] Empfehlenswert ist der Prozess unter anderem bei wiederkehrenden störenden Verhaltens- oder Kompensationsmustern, die bisher nicht verändert werden konnten.

Dieser Prozess empfiehlt sich auch für Therapeuten. Diese Art der Selbsterfahrung bietet die Möglichkeit der eigenen Verarbeitung von wiederkehrenden Thematiken, aber auch berufliche Bereicherungen. [85]

84 Vgl. Abel/ Göttges, 2020, S. 15ff

85 Vgl. Brönner, Onlinequelle ohne Seitenangabe

5. Das Forschungsdesign

Das folgende Kapitel wird über das forschungsmethodische Vorgehen dieser Thesis aufklären, um den Forschungsprozess nachvollziehbar zu gestalten. Zunächst erfolgt die Beschreibung des Forschungsgegenstandes sowie die Darstellung der Forschungsfrage. Anschließend gibt eine kurze Einführung in die empirische Sozialforschung.

Auch wird an verschiedenen Passagen auf die Unterschiede der qualitativen und quantitativen Forschungsmethoden Bezug genommen. Bevor es im nächsten Kapitel um die Auswertung geht, erfolgt noch ein kurzer Einblick in die Bedeutung der Stichprobe, Analysemethode sowie die Reflexion des eigenen methodischen Handelns.

5.1 Beschreibung des Forschungsgegenstands und der Forschungsfrage

In der Körperpsychotherapie gibt zahlreiche Methoden und Techniken für die Aufarbeitung von traumatischen Erfahrungen. Forschungsgegenstand dieser Arbeit ist speziell die Biodynamische Geburtstraumatherapie. Sie vereint Methoden der systemischen Therapie, körperorientierten Psychotherapie sowie Traumatherapie nach Karton Terry. Im Rahmen der biodynamischen Körperpsychotherapie gibt es bislang wenige Forschungsprojekte. Zum einen ist wenig Literatur über den biodynamischen Therapieansatz veröffentlicht worden und zum anderen können die Ergebnisse nur sehr schwer eine prinzipielle Allgemeingültigkeit aufweisen, da die sozialwissenschaftlichen Erkenntnisse in der Singularität des Besonderen liegen und somit von der Subjektivität und Interpretation abhängig sind. [86]

Thurmann
Seite 27

86 Vgl. Heinze, 2016, S. 37

Nichts desto trotz ist es wichtig, neue oder weiterentwickelte Therapiekonzepte zu erforschen. Vor diesem Hintergrund lautet die Forschungsfrage: Welche Wirkung zeigt die Biodynamische Geburtstraumatherapie?

Unter Wirkung wird im Kontext der Forschung die Veränderung, Beeinflussung oder auch das bewirkte Ergebnis verstanden, was durch eine verursachende Methode ausgelöst wird. Um das Konzept der Biodynamischen Geburtstraumatherapie aufgrund der geringen Veröffentlichungen dennoch beleuchten zu können, bot die

72

Hospitation der drei Module eine naheliegende Möglichkeit für das Ansammeln von Informationen.

5.2 Einführung und Begründung der Forschungsmethode

Die empirische Sozialforschung ist der Oberbegriff und lässt sich weiter aufgliedern in qualitative sowie quantitative Forschungsmethoden. Quantitative Forschung ist darauf ausgerichtet, eine möglichst hohe Summe an objektiven Daten zu sammeln. Ziel der Methode ist es, soziale Phänomene durch messbare Daten statistisch auszuwerten.

Ein typisches Merkmal der quantitativen Forschung ist die standardisierte Datenerhebung, welche beispielsweise durch fixierte Messmethoden streng festgelegt ist. Anhand der Ergebnisse werden bestehende Hypothesen oder Theorien geprüft oder neue Kenntnisse erlangt. [87]

Dem gegenüberstehend gibt es die qualitative Sozialforschung. Ziel ist es, soziale Phänomene, Prozesse oder Strukturen tiefergehend zu erforschen. In Abgrenzung zu quantitativen Methoden stehen bei qualitativen Verfahren der subjektive Sinn und individuelle Betrachtungsweisen des Gegenstandsbereiches im Vordergrund. [88] Da die Kritik gegenüber der subjektiven Betrachtungsweise nicht verstummt, entwickelt sich die qualitative Sozialforschung in den letzten Jahren zu einem immer breiter gefächerten Feld aus Datenerhebungs- sowie Auswertungsmethoden. Für die Forschung innerhalb dieser Arbeit bieten die offenen Zugangsweisen der qualitativen Forschung eine

[87] Vgl. Universität Leipzig. Methodenportal. Qualitativ vs. Quantitative. Onlinequelle ohne Seitenangabe

[88] Vgl. Helfferich 2011, S. 21 f

73

89 Vgl. Flick/
Steinke/ von
Kardorff, 2015,
S. 13 ff

Thurmann
Seite 28

besonders hohe Attraktivität sowie Aktualität. Sie ermöglicht einen näheren Zugang zu den Perspektiven der befragten Personen. [89]

Als Datenerhebungsmethode wurde das Leitfadeninterview verwendet Diese Form ist sehr geeignet, wenn es sowohl um subjektive Theorien geht, aber dennoch maximale Offenheit angeregt werden soll. Durch das Leitfadeninterview wird ein offener Raum ermöglicht, in der gleichzeitig durch gezielte und strukturierende Fragen eingegriffen werden kann. Da sich die empirischen Studien wie auch die Fachliteratur eher überschaubar gestalten, werden zur Beantwortung der Forschungsfrage Personen befragt, die die Methode der Biodynamischen Geburtstraumatherapie erlebt haben und die auch von ihren Erfahrungen berichten wollen.

5.3 Der Leitfaden

Der Leitfaden für die Interviews ist in drei Themenblöcke aufgeteilt. Zu diesem gehören die Motivationsgründe für die Teilnahme, das persönliche Erleben im Prozess und die persönlichen Auswirkungen.

Diese drei Bereiche werden im Folgenden zum allgemeinen Verständnis beleuchtet. Der erste Themenbereich erfragt die Motivationsgründe, die hinter der Teilnahme an der Biodynamischen Geburtstraumatherapie stehen. Auch die Frage, was das Ausschlaggebende für sie an dem Konzept war, sollte in diesem Themenbereich thematisiert werden. Anschließend wird der zweite Themenbereich behandelt, welcher das eigene Erleben des gesamten Prozesses erfragen soll. Beispielsweise wurde hier nach den eindrücklichsten Erinnerungen oder auch konkreter nach Wahrnehmungen auf körperlicher, psychischer und kognitiver Ebene gefragt. Der dritte und letzte Themenbereich baut auf den kurz- und auch langfristigen Veränderungen auf. Auch ob der Prozess und die Nachwirkungen nachhaltige Auswirkungen auf den Alltag haben, wird thematisiert. Am Ende erhält der Erzähler die Möglichkeit, noch für ihn wichtige Anliegen aufgreifen zu können. Da beide Teilnehmer durch die drei Module bereits bekannt waren, wurden die Interviewfragen in Du-Form gestellt.

5.4 Auswahl der Stichprobe

Die Auswahl der eigenen Stichprobe steht im Zusammenhang mit der Frage der Verallgemeinerbarkeit. Bei einer quantitativen standardisierten Forschung ist die Repräsentativität durch die streng geregelte, vergleichbare Zusammensetzung der Stichprobe gegeben. Die qualitative Forschung begründet die Verallgemeinerbarkeit mit der Annahme, dass sich durch die Interpretation der unbewussten Sinnesstrukturen eine Rekonstruktion typischer Muster erstellen lässt. Ein geplantes Vorgehen bei der Auswahl der Stichprobe empfiehlt sich dennoch, um die maximale Aussagekraft erfassen zu können. Zum ersten Schritt gehört die engere Eingrenzung. Da der Forschungsgegenstand die Biodynamische Geburtstraumatherapie ist, muss eine beziehungsweise müssen zwei Stichproben innerhalb der Gruppe gewählt werden. Im zweiten Schritt

Thurmann
Seite 29

75

ist es ratsam, dass die Stichproben so gewählt sind, dass diese im besten Fall maximal unterschiedlich sind. Es wurden eine männliche Person und eine weibliche Person unterschiedlichen Alters und Berufsgruppen befragt. In der Konstellation der Stichprobe sind keine jüngeren Personen unter dem Alter von 45 Jahren mit inbegriffen. Es gab allerdings auch jüngere sowie deutlich ältere Teilnehmer des Seminares, welche im Rahmen dieser Arbeit aber nicht befragt worden sind. [90]

90 Vgl. Helfferich 2011, S. 172 ff

Als erster Interviewpartner wurde Herr Gerd Zoja gewählt. Er ist 49 Jahre alt, gelernter Modellschlosser und promovierter Ingenieur. Vor circa zwei Jahren ist er aus dem Beruf ausgeschieden und seither arbeitssuchend. Um Rückschlüsse auf die Person zu vermeiden, ist der Name geändert worden. Er war mir durch das Seminar, welches ich für die Bachelorarbeit besuchen durfte, bekannt und mir durch seine besondere Sprachgewandtheit und Wahrnehmungsfähigkeit aufgefallen. Am letzten Seminartag wurde er bezüglich eines Interviews gefragt und sagte sofort freudig zu. Er teilte mit, dass er schon einmal an einer Interviewbefragung von Studierenden teilgenommen habe. Zwischen dem letzten Modul des Seminares im Dezember 2021 und der Bearbeitungszeit der Arbeit liegt ein längerer Zeitraum, weshalb ich per E-Mail erneut Kontakt aufbaute, um die Bereitschaft aufgrund der vergangenen Zeit erneut zu erfragen und nach der Zustimmung einen konkreten Interviewtermin zu vereinbaren. Aufgrund der Entfernung der Wohnorte wurde ein Treffen per Zoom oder per Telefon angeboten. Auf

Wunsch von Herr Zoja fand das Interview dann an einem Sonntag um 13.30 Uhr per Telefon statt.

Die zweite Interviewpartnerin, Anja Lamm ist 45 Jahre alt und hat zwei Kinder. Ein Sternenkind und eine dreijährige Tochter. Früher arbeitete sie als Ergotherapeutin und hat sich dann weitergebildet, um Familien im Bereich Schwangerschaft und Geburt zu unterstützen. Sie wurde vorab nicht während des Seminares gefragt, da noch keine Entscheidung bezüglich der zweiten Person getroffen war. Es wurde somit mittels eines Kurznachrichtendienstes Kontakt aufgebaut. In einem Anschreiben wurde das neue Vorgehen durch Interviews erklärt und nachgefragt, ob Interesse bestehen würde für ein Interview bezüglich den eigenen Erfahrungen mit der Biodynamischen Geburtstraumatherapie. Auch Anja sagte direkt zu und bot sofort Terminvorschläge an.

Thurmann
Seite 30

Der erste Termin musste durch eine Planänderung verschoben werden, und so fand das Interview an einem Freitag um 14 Uhr ebenfalls per Telefon statt. Auch hier war ein persönliches Treffen aufgrund der Distanz leider nicht möglich.

5.5 Analysemethode

Die Interviews wurden auditiv aufgezeichnet. Das gesamte Gespräch wurde anhand der Aufnahme transkribiert. Hierbei wurde sich an den Transkriptionsrichtlinien der „Talk in Qualitative Social Research" orientiert. [91] Bei der ersten Transkription, welche sich im Anhang befindet,

91 Vgl. Bohnsack, 2010, S. 236

77

handelt es sich um den verschriftlichten Interviewtext des Leitfaden-Interviews mit Gerd Zoja, welcher über seine Erfahrungen mit der Biodynamischen Geburtstrauma-therapie berichtet. Bei der zweiten, ebenfalls im Anhang befindlichen, Transkription handelt es sich um den verschriftlichen Interviewtext des zweiten Leitfaden-Inter-views mit Anja Lamm. Alle personenbezogenen Daten, welche während des Interviews erwähnt wurden, sind im Transkript anonymisiert worden, um jegliche Rückschlüs-se auf die Person zu vermeiden. In dieser Ausarbeitung wurde sich für die inhaltlich strukturierende qualitative Inhaltsanalyse als Auswertungsmethode für die Leitfa-den-Interviews entschieden. Die qualitative Inhaltsana-lyse ist ein regelgeleitetes Auswertungsverfahren. Im Mittelpunkt der Methode steht das Kategoriensystem, welches die Basis für die anschließende Interpretation in der Auswertung schafft. [92]

Ziel des Kategoriensystems ist, das Material aufgrund der Kategorien systematisch und strukturiert beschreiben zu können. Die Kategorien, auch Codes genannt, repräsen-tieren bei einer inhaltlich strukturierenden Analyse be-stimmte Inhaltsbereiche des Textes, welche zusammen-gefasst werden können. [93]

Mayring empfiehlt für die Codeerstellung entweder ein rein deduktives oder aber ein rein induktives Vorgehen. Die Codes wurden induktiv nach Durchsicht des Materials gewonnen. Nachdem die relevanten Textpassagen den Hauptkategorien zugeordnet wurden, erfolgt immer wie-der eine Überprüfung der Kategorien nach Überschnei-

92 Vgl. Uni-versität Leipzig. Methodenportal. Inhaltsanalyse. Onlinequelle ohne Seitenan-gabe

93 Vgl. Krell/ Lamnek, 2016, S. 493

78

dungen oder Unklarheiten, sodass eine eindeutige Zuordnung von Textpassagen zu den Kategorien möglich ist. Andernfalls werden Subkategorien erstellt. [94]

Nachdem der Prozess abgeschlossen ist, erfolgt die kategorienbasierte Auswertungsphase, in der die Ergebnisse der Kategorien in Richtung der Forschungsfrage fallübergreifend generalisiert und interpretiert werden. [95]

5.6 Reflexion des Forschungsprozesses

Der gesamte Forschungsvorgang gestaltete sich sehr komplex. Zu Beginn des Seminars stand fest, dass das Konzept der Biodynamischen Geburtstraumatherapie Forschungsgegenstand dieser Thesis sein wird. Ohne Forschungsvorwissen und ausschließlich durch Ratschläge eines Professors entschied ich mich dazu, aufwendige Fragebögen zu entwerfen, die die Teilnehmer vor und nach jedem Modul detailliert ausfüllten. Nach Anmeldung der Thesis und Gesprächen mit dem Betreuer der Arbeit, erwiesen sich die Fragebögen für eine empirische Sozialforschung dieser Thematik als ungeeignet. Aufgrund dessen wurde sich für Interviews als Datenerhebungsform entschieden. Das bisher bekannte narrative Interview hielt ich für nicht sinnvoll, da bestimmte Ansichten erfragt werden sollten. Das erste Interview mit Gerd Zoja lief den Erwartungen entsprechend erfolgreich. Die Fragen wurden verstanden und sehr ausführlich beantwortet. Rückschließend empfand ich den entwickelten Leitfaden als gelungen. Aufgrund der genannten Beeinträchtigungen vor Beginn des

94 Vgl. Mayring, 2016, S. 118

Thurmann
Seite 31

95 Vgl. Krell/ Lamnek, 2016, S.495

Seminares und exakt übereinstimmenden Verbesserungen dieser Thematiken, fragte ich, ob sich die genannten Änderungswünsche auch verbessert hätten. Durch diese perfekt scheinende Vorlage entschied ich mich spontan zu der Frage. Noch im Sprechen bemerkte ich, dass laut Literaturrecherche über das Führen von Leitfaden-Interviews, keine Fragen, die der direkten Auswertung der Forschungsfrage dienen, gefragt werden sollen. Diese spontane Frage diente unbewusst allerdings dazu, eine möglichst präzise Antwort zu erlangen. Das Interview mit Gerd war mein erstes Leitfadeninterview. Aus diesem Grund war die Erwartungshaltung gegenüber dem zweiten Interview unbewusst ähnlich angesetzt. Allerdings verlief dies natürlicherweise ganz anders. Anja Lamm beantwortet mit einer Frage, teilweise schon vorweg andere Fragen. Dies verursachte Unsicherheit, ob ich die Frage dennoch erneut stellen sollte. Beispielhaft fehlt hier die Motivationsfrage, da sie direkt zu Beginn von alleine darüber sprach. Des Weiteren formulierte ich durch die ungewohnte Situation die vorgeschriebenen Fragen anders und so kamen besonders zu Ende geschlossene Fragen zustande.

Thurmann
Seite 32

Die Auswertung der Daten gestaltete sich zunächst ebenfalls komplex. Zwar bietet die strukturierte qualitative Inhaltsanalyse ein theoriegeleitetes Auswertungsverfahren, das Verständnis und die Umsetzung der jeweiligen Schritte gestalteten sich in der Umsetzung gerade bei dem Erstellen und der Abgrenzung der Kategorien dennoch schwierig. Die Kategorien mussten mehrfach überarbeitet werden.

6. Grafische Darstellung und Auswertung

In dem folgenden Kapitel liegt der Blick auf der Darstellung und Auswertung beziehungsweise der Interpretation der einzelnen Kategorien. Für eine optimale Veranschaulichung befindet sich zu Beginn eine Mindmap des gesamten Kategoriensystems. Anschließend werden die drei Hauptcodes mit den einzelnen Subcodes analysiert und interpretiert.

Codesystem Körperliche Veränderungen Mentale Veränderungen Geburtserfahrungen Systemische Aufstellung Neuheiten/Besonderheiten Persönliche Gründe Wahl der Methode Kurz- und langfristige Effekte Prozesserfahrungen Motivationsgründe Persönliche Ansichten zur Wirkungsweise.

6.1 Motivationsgründe

Die erste Hauptkategorie „Motivationsgründe" ist unterteilt in zwei Unterkategorien. Die erste Kategorie widmet sich den persönlichen Gründen, die hinter der Teilnahme an der Biodynamischen Geburtstraumatherapie stehen. Im zweiten Subcode wird thematisiert, warum sich die Interviewer für diesen Therapieansatz entschieden haben.

6.1.1. Persönliche Gründe

Bereits in ihrem früheren Beruf als Ergotherapeutin ist Anja mit den möglichen Auswirkungen, die Schwangerschaft oder die Geburt mit sich bringen können, in Kontakt gekommen. Durch Weiterbildungen bringt sie das Gelernte und dieses Wissen in die Familien, mit denen sie jetzt arbeitet.

Gerade in therapeutischen Ausbildungen, wird die eigene Geschichte in der Regel miteinbezogen und dort auch bearbeitet. Ihr ist dadurch bewusst geworden, dass auch sie ihre eigene, zum Teil noch unverarbeitete, Geschichte mit sich trägt. Neben dem beruflichen Aspekt, sich diese Themen angeguckt zu haben, erzählt sie auch von teilweise einschränkenden Ängsten, deren Ursache sie auf die Art und Weise, wie sie auf die Welt gekommen ist, zurückführt.

> „was mich bisher in meinem Leben so zurückgehalten hat oder diese in Anführungsstrichen „Ängste" nh das ich mich Dinge nicht getraut habe oder auch mein Selbstwert immer ein Stückchen niedriger gehalten habe, das sind so Sachen, die für mich ganz klar ganz

viel auch damit zu tun haben, wie ich auf diese Welt gekommen bin" (Transkript Anja, Z.185ff)

Gerd hingegen berichtet von viel eigenem Leid, das ihn zu
der Teilnahme motiviert hat. Er geht konkret auf körperliche und emotionale Ursachen ein.

„es hat mich, wie du hörst, einiges an Leid dazu geführt"
(Transkript Gerd, Zeile 91)

„dass ich also körperlich etwas verändern wollte und
das war hauptsächlich Bereich Steifheit so im Becken,
also es waren sehr viele körperliche Ursachen und ähm
dann auch zum Beispiel Darmträgheit eh so etwas eh ja
dass ich allgemeine eine hohe Muskelspannung hatte"
(Transkript Gerd, Zeile 31ff)

Auf der emotionalen Ebene berichtet Gerd von einer starken Gefühllosigkeit. Auch neue Bindungen einzugehen
und eine passende Partnerin zu finden, fällt ihm schwer,
was unter anderem die Kinderlosigkeit zur Folge hat. In
Bezug auf die Bindungsthematik betont Gerd, es falle ihm
auch schwer, Blickkontakt zu halten. Da sich die Bindung
nach der Geburt unter anderem über Blickkontakt phy-
siologisch entwickelt, kann darauf geschlossen werden,
dass sich kein inneres sicheres Bindungsmodell entwickeln konnte und er so in die unbewusste Wiederholung
kommt.

„Je stärker die traumatischen Erlebnisse eines Menschen in seiner frühesten Lebenszeit gewesen sind,
umso weniger kann er sich später für das Leben öffnen
und Freude empfinden." [96]

96 Zit. Renggli,
2020, S.31

97 Vgl. Renggli,
2020, S.30f

Ebenfalls berichtet Gerd von starken Muskelverspannungen, Steifheit im Becken und Darmträgheit. Frühe traumatische Erfahrungen blockieren die Lebensenergien und können sich, wie auch hier sichtbar, in Form von Verspannungen oder auch Schmerz der inneren Organe äußern.[97]

6.1.2. Wahl der Methode

Anja betont, dass der körperorientierte Ansatz ein maßgebliches Kriterium für die Teilnahme war. Das Konzept wurde ihr von einer Bekannten empfohlen. Sie hat schon mehrere Therapien besucht, um eigene Themen bearbeiten zu können. Allerdings kratzen andere Therapien, wie Gesprächstherapie, für Anja eher an der Oberfläche und gehen nicht tiefer in das Verstehen.

> „ich ehm finde diese Körperarbeit ganz großartig. Das im Grunde alles über den Körper geht, der ja nicht vergisst." (Transkript Anja, Z. 41f)

Gerd hat sich aufgrund von zwei Philosophien für das Modell der Biodynamischen Geburtstraumtherapie entschieden. Zum einen hat ihn die Philosophie erreicht, in die Vergangenheit zu schauen, welche Erlebnisse noch nicht aufgelöst sind und so noch einen Einfluss auf die Gegenwart haben. Die zweite Philosophie ist die Theorie von Otto Rank, der das Trauma der Geburt als Urtrauma, als Ursache aller Traumata, gesehen hat. Die Philosophie besagt, dass vorgeburtliche oder durch die Geburt traumatisierte Menschen, diese Spuren noch bis ins Erwachsenenalter mit sich tragen können.

„wenn er bei der Geburt schon durch das Trauma eine Schwäche hat, dann kommen für die Lebensphasen/ eh bleibt diese Schwäche bestehen und dann trägt der das quasi eh immer weiter im Leben fort" (Transkript Gerd, Zeile 61ff)

Er vertritt die Theorie von Otto Rank und hofft, ein besseres Leben führen zu können, wenn diese vorgeburtlichen oder geburtlichen Thematiken bearbeitet und aufgelöst werden können. Was „ein besseres Leben" bedeutet, wird nicht definiert.

„diese beiden Philosophien haben mich irgendwie erreicht und deswegen habe ich gedacht, das könnte ich machen und ähm ja könnte dann vielleicht ein besseres Leben führen, was auch immer dann besser heißen mag aber das weiß man bei den Therapien sowieso nicht so genau" (Transkript Gerd, Zeile 83ff)

6.2 Prozesserfahrungen

6.2.1 Neuheiten/Besonderheiten der Biodynamischen Geburtstraumatherapie

Das Konzept der Biodynamischen Geburtstraumatherapie ist noch nicht weit verbreitet. Aus diesem Grund werden in diesem Kapitel Äußerungen zusammengetragen und interpretiert, die Besonderheiten des Konzeptes benennen. Hauptsächlich wird von Gerd der Punkt der Gruppenarbeit angesprochen. Das gesamte Konzept ist in dem Seminarrahmen für eine größere Gruppe angedacht.

Insbesondere wenn die Gruppe zeitweise in Dreiergruppen aufgeteilt wird, spielen die anderen Teilnehmer immer eine maßgebliche Rolle in dem eigenen Prozess. Die ist gerade im therapeutischen Rahmen eher untypisch. Gruppenformen sind zwar in vielen Therapieformaten bekannt, allerdings wirken dort die Teilnehmer nicht aktiv an einem Heilungsmuster mit. Vielmehr wird Unterstützung durch die geteilten Erfahrungen erlebt.

„so wirken die Patienten quasi an meiner Heilung mit, also es ist irgendwie anders als zum Beispiel bei ner klassischen Operation" (Transkript Gerd, Zeile 144)

Gerd beschreibt diese neue Erfahrung als positive Ressource. Durch die sehr intensive Gruppen- und Körperarbeit, konnte er in Bezug auf menschliche Bindung neue und sehr positive Erfahrungen machen und lernte Bindung dadurch auf einer neuen Ebene kennen. Durch den intensiven Umgang innerhalb der Gruppe, konnte er sein Sozialverhalten verbessern und ein Verständnis für Gruppen entwickeln.

Ein zweiter Ansichtspunkt ist das ungewöhnliche Therapiesetting bei dem Geburtsprozess. Die Teilnehmer, die ihren eigenen Geburtsprozess darstellen, liegen zu Beginn unter einer Decke, welche symbolisch den Mutterleib darstellt. Gerd selbst beschreibt dieses Setting als ungewöhnlich und bringt reflektiert einen Ansichtspunkt, den Außenstehende vertreten könnten, mit ein.

„weil eh man könnte ja auch die Philosophie haben, wenn man das von außen sieht, ja was soll das eh was soll da für ne Veränderung kommen? nh eh eh denn die Decke bleibt die Decke und ich lieg ja @jeden Tag unter ner Decke@" (Transkript Gerd, Zeile 202f)

Dieses Argument erscheint gerade für Außenstehende durchaus berechtigt. Gerd beschreibt eine Beispielsituation für die äußere Perspektive.

„das ist eben eh was ganz anderes körperlich sich in etwas hineinzuversetzen und dann handelt auch körperlich was zu tun eh das ist ja auch beim Film so." (Transkript Gerd, Zeile 242)

Der Schauspieler erlebt die im Film gezeigten Stunts oder Schläge am eigenen Körper. Als Außenstehender, kann man sich zwar einfühlen, nichts desto weniger wurde die Erfahrung aber nicht am eigenen Körper erlebt. Im Rahmen des Birth-Release-Prozesses wird durch die szenische Darstellung und die embryonale Haltung das zelluläre Leibgedächtnis aktiviert. Die Decke dient als symbolische Unterstützung, um ein Setting zu schaffen, dass einer Geburtssituation und der gefühlten Erfahrung im weitesten Sinne entspricht.

Anja hingegen hat sich, auch durch ihren Beruf, schon auf viele Methoden eingelassen und berichtet so von keinen Neuheiten bezüglich dieser Methode. Durch ihr berufliches Umfeld habe sie bereits viele andere Methoden kennengelernt.

Thurmann
Seite 35

98 Vgl. Schlötter,
2005

6.2.2. Systemische Aufstellung

In systemischen Aufstellungen werden bewiesenerma-ßen[98] die Strukturen von sozialen Systemen durch die Positionierung von Personen im Raum und von Personen zueinander abgebildet und so sichtbar gemacht. Der Aufstellungsarbeit wird ein gesamtes Modul gewidmet, damit jeder Teilnehmende seine eigene Geschichte und den transgenerationalen Aspekt bearbeiten kann.

„da war für mich sehr eindrücklich das Trauma meiner Mutter eh in also dass die Weitergabe von Traumatisierungen über die Eltern und über die Ureltern zu mir". (Transkript Gerd, Zeile 393)

Gerd erzählt, dass seine Mutter sich selber immer von ihrer Mutter abgelehnt gefühlt habe. Dieses Gefühl hält bei ihr noch bis zum heutigen Tage an. Durch die eigene erlebte Ablehnung und negativen Erfahrungen ihrer Kindheit, wollte Gerds Mutter prinzipiell keine eigenen Kinder haben. Gerd betont, dass er bis zur Aufstellungsarbeit nie verstanden habe, warum seine Mutter ursprünglich keine Kinder bekommen wollte. In der Aufstellung wurde dann eine Szene durch die aufgestellten Teilnehmer und Assistenten dargestellt, die aufzeigte, dass seine Mutter ebenfalls ein ungewolltes Kind war.

„in dieser Aufstellung wurde dann, gab es dann so eine Szene, dass sie selber auch ein ungewolltes Kind ist und unehelich und das war in diese Zeit sehr sehr schwierig und dass sie quasi dann als Kind von Seiten ihrer Mutterfamilie ganz stark abgelehnt wurde" (Transkript

Gerd, Zeile 403ff)

Er beschreibt, dass seine Mutter durch diese Situation emotional quasi als Halbwaise aufgewachsen ist. Die emotionale Bedürftigkeit von Gerds Mutter konnte seitens ihrer Mutter, seiner Großmutter, nicht ausreichend bedient werden. Dadurch entstand eine allgemeine Ablehnung gegen Kinder. Sie wurde schwanger, konnte aber aufgrund ihrer eigenen fehlenden positiven Bindungserfahrung keine sichere Bindungsperson für Gerd darstellen. Das Gefühl der Ablehnung wurde also von Gerds Großmutter bei seiner Mutter empfunden, diese hat die erlebte Ablehnung transgenerational an ihren Sohn weitergeben. Er beschreibt den Umgang mit der transgenerationalen Weitergabe als schwierig, da die Eltern als Geheimnisträger, im negativen Sinne, gesehen werden. Kinder bekommen die Verhaltensweisen der Eltern unmittelbar mit und können diese ohne biografische Hintergründe selbst im Erwachsenenalter nicht zuordnen. Die Aufstellung hat ihm geholfen, das Verhalten seiner Mutter zu verstehen und nachvollziehen zu können.

Thurmann
Seite 37

Passend hierzu erwähnt Anja, dass ihre Eltern, aber auch andere Eltern, ihre eigenen traumatischen Erfahrungen mit sich tragen. Diese können so tiefgreifend sein, dass sie verdrängt und nie bearbeitet werden können. Gerade in Bedacht auf den Zeitrahmen der Großeltern-Generation wird deutlich, dass die meisten in der Kriegszeit oder Nachkriegszeit lebten.

„in der Aufstellungsarbeit war dann auch immer wieder Themen des zweiten Weltkrieges welches Elend der

89

so hervorgerufen hat und das das immer noch in mir als Enkel unglaublich stark wirkt also als Aggression, als Leid" (Transkript Gerd, Zeile 422ff)

Auch Anja berichtet von ihrer eigenen emotionalen Aufstellung. Vor ihrer Geburt, war ihre Mutter schwanger. Im 5. Monat kam sie mit einer Blutung ins Krankenhaus, wurde operiert und wachte ohne Kind wieder auf. Ihr Baby war ohne jegliche Verabschiedungsmöglichkeit verschwunden. In der Aufstellung wurde deutlich, dass es ein Junge war, ohne dass Anja zuvor davon wusste. In einem späteren Gespräch bestätigte die Mutter das Geschlecht. In ihrer Aufstellung konnten die Stellvertreter angemessen um den tragischen Verlust trauern. Sie beschrieb dies mit folgenden Worten.

„das Kind wurde würdig verabschiedet und das gefühlt so ein großes Paket an Schmerz, was so aus ehm ja aus so nem ehm Feld, System unserem Familiensystem herausgegangen ist danach." (Transkript Anja, Zeile 78ff)

Interessant und offen ist hierbei, ob es einen systemischen Zusammenhang zwischen dem Sternenkind und der unverarbeiteten traumatischen Erfahrungen der Mutter und Anjas eigenem Sternenkind gibt. Das Gefühl nach der Aufstellung beschreibt Anja als große Erleichterung und Leichtigkeit, weshalb sie auch spontan ein Haus in Dänemark gekauft habe. Die Aufstellung bot ihr die Möglichkeit, eine transgenerationale Thematik aufzulösen. Hierzu sagt Anja noch einen bemerkenswerte reflektierte Äußerung.

„Das ist so der Job meiner Generation diesen mitge-
brachten Kram da aufzulösen." (Transkript Anja, Zeile
64f)

In der früheren Generation waren Therapien ein gesell-
schaftliches Tabu-Thema. Durch den gesellschaftlichen
und sozialen Wandel sind Therapien in den Fokus gerückt
und selbstverständlicher geworden. Eigene Thematiken,
als auch Familiendynamiken rücken somit mehr und mehr
in den Vordergrund.

6.2.3. Geburtserfahrung

Gerd beschreibt den Prozess zunächst bildlich gut vor-
stellbar. Nachdem er wie ein „Huckefröschchen" noch
unter der Decke lag, drückte er sich mit seinen Füßen an
einer Wand ab. Die stellvertretende Mutter formt mit den
Händen eine Art festen Ring, der quasi den sich öffnen-
den Muttermund an seinem Kopf simuliert. Hierbei kniet
die stellvertretende Person auf dem Boden. Gerd muss
sich nun mit eigener körperlichen Anstrengung und Dreh-
bewegungen durch die Knie und Oberschenkel, die den
Geburtskanal darstellen, hindurch kämpfen.

Thurmann
Seite 38

„also meine, dass ich richtig drücke mit den Beinen und
eh ja diese aggressive Komponente eh des Geborenwer-
dens" (Transkript Gerd, Zeile 158ff)

Gerd betont, wie wichtig es für ihn war, sich aktiv mit seinem gesamten Körper aus der schwangeren Mutter he-
raus zu drücken und sich somit als selbstwirksam zu erleben. Die medizinischen Aspekte seiner Geburt werden

91

nicht näher dargestellt und somit können keine zusammenhängenden Rückschlüsse bezüglich der Bedeutung seiner Selbstwirksamkeit gezogen werden. Der Durchtritt durch den simulierten Geburtskanal wird als explosionsartiges Gefühl erfahren.

In der Phase nach der Geburt ist Raum und Zeit für die Bindungsphase integriert. Diesen Bindungsaufbau beschreibt Gerd als seine eindrücklichste Erfahrung des Geburtsprozesses. Wie bereits im vorherige Kapitel erwähnt, weißt Gerd auch hier nochmal auf die ursprüngliche Situation hin. Er ist ein ungewolltes Kind, was zum einen an den Uneinigkeiten der Eltern lag. Der Vater wollte sehr gerne Kinder, allerdings wollte die Mutter aufgrund ihrer eigene Geschichte keine Kinder bekommen. Und zum anderen an der fehlenden Schwangerschaftsverhütung der damaligen Zeit. So entstand bereits im Mutterleib eine tiefe Ablehnung ihm gegenüber, der er schutzlos ausgeliefert wurde. Während seines Bonding-Prozesses beschreibt Gerd den andauernden Blickkontakt und die Körperbindung als wohltuende Ressource.

„als dieser Geburtsprozess beendet war und man quasi so eine Bindung aufbaute mit der gespielten Mutter nochmal dann war sehr stark die Augenbindung und Körperbindung zu tun und zwar war das wie ein auffüllen. Ein inneres Auffüllen das war sehr wohltuend" (Transkript Gerd, Zeile 152ff)

Nach der Geburt entsteht durch die körpereigenen Glückshormone (Endorphinen) und dem Liebeshormon(Oxytocin) eine enge und von sehr intensiven Gefühlen geprägte

Beziehung zwischen der Mutter und dem Kind. [99] Durch die Ablehnung der Mutter kann es eine Vielzahl von Störungen in der empathischen Feinabstimmung zwischen der Mutter und Gerd gegeben habe. Diese Störungen können ausgelöst werden, wenn die Mutter emotional inadäquat auf die Bedürfnisse des Kindes reagiert. [100]

99 Vgl. Renggli, 2020, S. 50

100 Vgl. Abel/ Göttges, 2020, S. 6

Thurmann

Seite 39

„ja diese Gegen eh eh Erfahrung zu machen weil meine richtige biografische Erfahrung ist die, dass ich ein ungewolltes Kind bin." (Transkript Gerd, Zeile 171f)

„Das ist ein sehr sehr puh ((stöhnen)) wesentlicher Prozess und auch so eine Gegenerfahrung zu machen so als Kind quasi als Neuankömmling gewollt zu werden" (Transkript Gerd, Zeile 175ff)

In dem Geburtsprozess konnte Gerd die Gegenerfahrung zu seiner biografischen Erfahrung erleben. In der szenischen Darstellung wird die alte traumatische Erfahrung eine nicht-traumatische Situation umgewandelt. In der regressiven Ebene können Synapsen neu verknüpft werden und somit neue Grundlagen für zukünftiges Bindungsverhalten zu Verfügung gestellt werden. [101]

101 Vgl. Abel, Göttges, 2020, S.20

„also vom sonstigen Erleben war das sehr emotional, war mit viel Emotionen begleitet" (Transkript Gerd, Zeile 150f)

Die körperpsychotherapeutische Geburtsarbeit macht Defizite im Beziehungsverhalten und die damit verbundenen Gefühle zugänglich. Nicht ausgedrückte Emotionen kommen in das Bewusstsein und werden in der Regel bei Ablehnungserfahrungen durch Wut oder große Trauer ausgedrückt. Anhand des Modells des vasomotorischen Zyklus lassen sich die neuro-physiologischen Dynamiken erklären, die in der Biodynamik eine zentrale Rolle spielen. Das grundlegende Schema des Modells besteht wie bereits in Kapitel 3.2.3. aufgezeigt, aus „Impuls – Gipfel – Abklingen". Durch das inadäquate Reagieren auf das Bedürfnis nach Nähe und Liebe der Mutter aufgrund ihrer Ablehnung gegenüber Kindern, bleibt die traumatische Ladung vegetativ und emotional erhalten. Der vasomotorische Zyklus bleibt unbearbeitet, lebenslang unvollständig. Erst durch die körpertherapeutischen Interventionen können diese unvollendeten Prozesse beendet werden. Im Fall von Gerd bietet der Abschluss der affektiven vasomotorischen Zyklen in Bezug auf das Bindungserleben eine Möglichkeit, für die emotionale Nachnährung und Aneignung neuer positiver Bindungsmuster.[102] Wie auch im Vorhinein zitiert, beschreibt Gerd dieses Erleben wie ein inneres Auffüllen. Durch eine gelungene vorherige Abstimmung mit den Begleitenden und Teilnehmenden können neue Beziehungserfahrungen entstehen.

Anja konnte in ihrem Prozess ebenfalls eine positive Gegenerfahrung erleben. In ihrer biografischen Geburtserfahrung kam sie 4 Wochen zu früh auf die Welt. Zunächst wurde der Mutter ein Wehenhemmer verabreicht, da im besten Fall Anja erst zu einem späteren Zeitpunkt geboren werden sollte. Als dies nicht mehr möglich war, wurde zunächst die Geburt durch Wehenverstärker bzw. Wehenförderer eingeleitet, und die Mutter bekam anschließend eine PDA in den unteren Bauchraum, sodass Anja letztlich

102 Vgl. Abel/ Göttges, 2020, S. 8ff

94

mit der Geburtszange herausgeholt wurde.

Noch vor den Beschreibungen des Geburtsprozesses berichtet Anja zunächst kurz von einer Fußmassage. In der Biodynamik werden angepasste Massagen als therapeutisches Mittel eingesetzt, um bestimmte Entwicklungsphasen und Thematiken der Schwangerschaft aufzuzeigen. Sie selbst beschreibt ihr Gefühl nach der biodynamischen Massage als weggetreten und ausgeknockt. Mit Hintergrund dieser Aussage beschreibt sie ähnliche Wahrnehmungen bei ihrem Geburtsprozess.

> „das war ich nach diesem Geburtskanal als ich da angekommen bin auch weil also ich hatte das Gefühl, ich sacke hier gleich weg und als ob ich so kurz davor bin ohnmächtig zu werden und dieses Gefühl zu fühlen ist etwas, was eine alte Erinnerung gewesen sein muss für mich, wie es damals auch einfach war" (Transkript Anja, Zeile 92ff)

Vergleicht man nun die Erkenntnisse aus der Fachliteratur mit den Aussagen von Anja werden einige Parallelen sichtbar. Durch die PDA wird der Unterleib der Mutter empfindungslos und Bewegungen sind ebenfalls nicht mehr möglich. Die Mutter verliert jeglichen Kontakt zu ihrem Kind.

> „Verbundenheit was in der Schwangerschaft ja da ist, weil ich ja in diesem Körper gesteckt habe, das ging komplett weg." (Transkript Anja, Zeile 216f)

Das ungeborene Kind bekommt das Medikament ebenfalls zu spüren. Im Verhältnis zum Körpergewicht bekommt der Säugling in etwa die zwanzigfache Dosis und ist teilweise erst einige Tage später bei vollem Bewusstsein. Durch diese Überdosis verliert der Säugling in dieser wichtigen Phase der Geburt seine Wahrnehmungsfähigkeit, Kraft und die Orientierung und kann somit nicht mehr aktiv am Geburtsprozess teilnehmen. Passend hierzu beschreibt Anja das Gefühl von Ohnmacht und wie weggetreten zu sein.[103]

103 Vgl. Renggli, 2020, S. 53

In Bezug auf die Frühgeburt und dem Zusammenhang mit den zahlreichen Medikamenten, die der Mutter gegeben worden sind, muss Anjas Zustand unmittelbar nach der Geburt geschwächt gewesen sein. Die Aussage, dass sie sechs Wochen im Krankenhaus bleiben musste, bestätigt diese Vermutung.

> „sofort getrennt von meiner Mutter. Ich lag dann 6 Wochen alleine im Krankenhaus" (Transkript Anja, Zeile 213f)

Diese sehr lange Trennung von der Mutter unmittelbar nach der Geburt ist für ein Neugeborenes eine extreme Gefahr. Die Sicherheit und die Geborgenheit nach der Geburt sind von entscheidender Bedeutung für die weitere Entwicklung des Gehirns und des Immunsystems. Das innige Zusammensein von Mutter und Kind, nicht nur in den ersten Stunden, sondern auch in den folgenden Tagen ist ebenfalls Grundlage für die Entwicklung des Selbstbewusstseins und Urvertrauens. Ist diese Basis der Mutter-Kind-Interaktion nicht adäquat gedeckt, kann sich das später auch in unbewussten Ängsten zeigen. Anja beschreibt genau diese Thematik des Alleine gelassen werden und der Gegenerfahrung im Prozess als sehr bewegend.[104]

„sondern dass dann da einfach nur Eltern sind die da sind für mich, mich halten können und einfach nicht weggehen. Sehr bewegend." (Transkript Anja, Zeile 101f)

Fast identisch zu Gerds Aussagen, beschreibt auch Anja ihren Geburtsprozess als ein Nachnähren von nicht befriedigten Bedürfnissen. Die Erfahrung des Alleine gelassen werden konnte in dem therapeutischen Setting durch fein aufeinander abgestimmtes und empathisches Reagieren mit einer positiven Erfahrung überschrieben werden. Das Auflösen der traumatischen Erfahrungen kann alte Kompensationsmuster positiv und nachhaltig verändern. [105] Anja hat bereits sowohl beruflich, als auch privat einige Methoden der körperorientierten Therapie kennengelernt. Dennoch merkt sie reflektiert an, den Prozess unterschätzt zu haben. Sie beschreibt eine anfängliche, fast überschwängliche Freiheit, dass jetzt alles „tutti" sei, habe dann aber sehr schnell gemerkt, dass ihr Prozess nicht so schnell abgeschlossen war, wie vermutet.

„ich glaube ich habe viele Dinger eher unterschätzt, so wie am Ende, dass ich dachte ja ne ist alles gut und dann aber das ich dann körperlich gespürt habe ne das geht noch nicht, ich kann nicht weiter weiterlaufen. ich darf noch mehr nachnähren und mir noch Unterstützung holen und eben nicht alleine den Weg gehen" (Transkript Anja, Zeile 126ff)

104 Vgl. Renggli, 2020, S. 50

105 Vgl. Abel/ Göttges, S. 16

97

Grundlegend bestätigt Anja mit der folgenden Aussage ebenfalls die Ansichten aus der Fachliteratur. „Wenn Psychotherapie wirksam sein will, müssen neue Interaktionsformen und Körperstrategien gebildet und verinnerlicht werden. Diese RIG (Repräsentation generalisierter Interaktionen/ Representations of Interactions that have been Generalized) führen auf der neurophysiologischen Ebene zu neuen synaptischen Vernetzungen im Gehirn bzw. diese Prozesse bedingen sich wechselseitig.[106]

106 Vgl. Thielen, 2005, S.29

„das ist etwas, also diese reale Erfahrung was dadurch einfach neu überschrieben wurde durch den Geburtsprozess also einfach eine neue Erfahrung verknüpfen zu können, das geht auch anders nh" (Transkript Anja, Zeile 189f)

6.3. Kurz- und langfristige Effekte

6.2.1. Persönliche Ansichten zur Wirkungsweise

Die Auswertung dieses Subcodes beginnt mit einer Aussage von Gerd über die eigene innere Einstellung. Er vertritt die Ansicht, dass man als Teilnehmender die eigene innere Einstellung mitbringen muss, dass dieser Ansatz funktioniert und Veränderung bewirken kann.

„sagen wir mal da sind ja auch viele Glaubenssachen drin also ähm ich selber muss natürlich auch die Einstellung mitbringen mich in den Glauben darin hineinfallen zu lassen sonst kann das nicht funktionieren," (Transkript Gerd, Zeile 209ff)

Auch ein Bewusstsein über die mentale psychische Ver-

98

fassung und dass diese sich verändern kann, sofern man das auch eigenständig möchte. Eine Suchttherapie beispielsweise kann auch erst ab dem Zeitpunkt anschlagen, wo der Klient den eigenen Entschluss gefasst hat, etwas verändern zu wollen. Wie bei dieser Therapiemethode, aber auch bei anderen Ansätzen, gibt es keine allgemeingültige Wirkung. Die mögliche Veränderung hängt von multikausalen Faktoren ab. Unter anderem ist die Einstellung und der Wille des Klienten notwendig für einen Therapieerfolg.

> „ich möchte gerne, dass das Ist so wie das Soll ist und das soll ganz genau übereinstimmen. Wenn er mit dieser Philosophie in eine Therapie geht eh dann würde ich sagen der hat eine Illusion eh weil eh sich das geistige, psychische nicht so formen lässt." (Transkript Gerd, Zeile 325f)

Die Interventionsmaßnahmen sind über Jahre hinweg anhand von Literatur und Anwendung in der Praxiserfahrung erarbeitet worden. Nichts desto trotz vertritt Gerd die Ansicht, dass die Entwicklung weder er, noch der Therapeut In der Hand habe.

> „wie mich selber entwickle, das hab ich nicht in der Hand und das hat auch kein Therapeut in der Hand." (Transkript Gerd, Zeile 335f)

Wer mit einem konkreten Ziel in eine Therapie geht und die Erwartung hat, dass dieses konkrete Ziel (bspw. Beckensteifheit) weggehen muss, lebt nach Gerds Ansicht über Therapieerwartungen in einer Illusion.

„also die Vorstellung das ne Therapie immer Ziel errei-
chen muss, das ist quasi eine Utopie und eine Illusion."
(Transkript Gerd, Zeile 340f)

Wenn nur die Struktur, also das körperliche Symptom
verändert werden soll, würde wahrscheinlich eine Be-
such beim Chirurgen oder Physiotherapeuten ausreichen.
Durch die Biodynamische Geburtstraumatherapie wird
nicht nur ausschließlich an der körperlichen Struktur gearbeitet. Durch den psychischen Prozess tritt die körperliche Veränderung ein. Passend zu dem holistischen Menschenbild der Biodynamik beschreibt Gerd den Körper
und die Psyche als eine Einheit, die parallel nebeneinan-
der laufen.

„von der Philosophie ausgeht wenn ich körperlich eine
Strukturänderung mache die mit einer die eh (unv.) diese Strukturänderung ist begleitet mit einem psychischen
Prozess also die laufen beide parallel dann eh wird sich
beides ändern also die Psyche und der Körper wird sich
ändern und das Beides nicht getrennt ist" (Transkript
Gerd, Zeile 353f)

6.3.2 Mentale Veränderungen

Zunächst berichtet Gerd davon, nach dem Prozess einen
veränderten Zugang zu Säuglingen zu haben. Durch die
Regression und die damit einhergehende Rückerinnerung
ist ein höheres Verständnis und bessere Einschätzungsfä-
higkeit vorhanden. Auch die Einstellung gegenüber Säuglingen habe sich verändert. Es wird mehr als Wesen mit
einer eigenständigen Persönlichkeit betrachtet.

100

„Es wird ganz anders betrachtet von mir als, mehr als eigenständige Persönlichkeit und ja die Bindung ist halt viel weicher und viel filigraner (.) ich kann das als Wesen besser wahrnehmen und nicht so sehr als ja als unausgereiftes Ding ja das hat sich geändert" (Transkript Gerd, Zeile 275ff)

Aber auch für Paare (mit Kinderwunsch), Beziehungen und damit einhergehende Beziehungsmuster und Familienbildungen besteht mehr Verständnis. Bezüglich der von Gerd erwähnten vorherigen Emotionslosigkeit berichtet er von folgender Veränderung.

„noch gesundheitlich eh hat sich auch Bauchbereich etwas verbessert. Innendrin ist mehr Leben, so emotionales Leben, Höhen und Tiefen in den Emotionen werden mehr gespürt" (Transkript Gerd, Zeile 287ff)

Sein Verhältnis zu Frauen habe sich grundlegend verbessert. Er beschreibt die Veränderung in der Verringerung seiner Bedürftigkeit und er steht nicht mehr in einem emotionalen Abhängigkeitsverhältnis zu Frauen.

„das ich da einen anderen Bezug zu habe ist also nicht mehr so das bedürftige des Nachernährens und es wird auch mehr die Frau als Individuum gesehen so und eh es ist mehr Trennung da." (Transkript Gerd, Zeile 306f)

Das bedürftige Nachnähren, welches hier beschrieben wird, konnte im Birth-Release-Prozess und der anschließenden Bindungsphase nachgeholt werden. Auch in Bezug auf die Sexualität ergaben sich Veränderungen. Während vorher ein Drang zum weiblichen Busen bestand, hat

Thurmann
Seite 44

101

diese Bedürfnis sehr stark nachgelassen. Das veränderte Verhältnis zu Frauen wird als Gewinn und Verlust beschrieben.

„Ich bin mehr ich selber dadurch nh das ganz gut sein, kann schlecht sein. Das ist je nach Bewertung aber ich denke ich verliere etwas und ich gewinne etwas. Durch die Trennung verliere ich den starken Drang dahin eh eh aber ich verliere eh dafür gewinn ich mehr die Identifikation und das Sein mit mir selber dass ich mir meine Dinge mehr selber erfüllen kann." (Transkript Gerd, Zeile 308f)

Zum Ende thematisiert Gerd seine bewussten Erinnerungen an den Geburtsprozess. Die bewussten Bilder und Erinnerungen schwinden immer weiter. Für Gerd ist dies ein Zeichen für die positive Integration der verarbeiteten Erlebnisse.

„Das die bewussten Bilder immer weiter verblassen aber das ist für mich auch ein Zeichen einer guten Integration also das ja daraus nichts Belastendes daraus geworden ist." (Transkript Gerd, Zeile 374ff)

Auch Anja berichtete von ihren wahrgenommenen Verhaltensveränderungen, die durchweg als positiv, auflösend oder ressourcenstärkend beschrieben werden. So beschreibt sie beispielsweise gelernt zu haben, Hilfen länger annehmen zu können und nicht wie ihr bisher gewohntes Muster zu schnell aus der ihr angebotenen Hilfe zu gehen.

„ich durfte da auch mitnehmen das auch länger anzunehmen und nicht so schnell schnell wieder aus dieser
Hilfe rauszugehen, das ist nämlich auch so ein Muster
von mir so och das passt schon und jetzt so Sachen bewusst zu machen war auch nochmal sehr sehr tiefgrün-
dig und einprägsam für mich, und heilsam" (Transkript
Anja, Zeile 114f)

Im Prozess ist ihr dieses Verhaltensmuster bewusster geworden, was sie als sehr heilsam empfindet. Um diesen
eigenen Prozess noch weiter zu entwickeln, ist sie noch
mehr in die Selbstfürsorge gegangen. Sie berichtet von
früheren Verhaltensmustern, in denen sie grundlegend
viel zurückgesteckt hat, um andere Menschen nicht ver-
letzen und besonders, um ihnen zu gefallen. Diese Lebensweise habe sie nicht glücklich gemacht. In dem Prozess konnte sie die Ressource der Selbstfürsorge bewusst
stärken.

„ich hab eher die letzten Jahre auch zurückgesteckt und
hab gesagt joa ach komm wird schon irgendwie und
habe auch gemerkt ne:e irgendwie werd ich nicht so
richtig glücklich und genau das war wie so ein Booster,
dass ich mehr durchgestartet habe und mehr mein Ding
gemacht habe" (Transkript Anja, 163ff)

Thurmann
Seite 45

Als Beispiel berichtet sie von den Umzugsplänen nach
Dänemark. Ihr Lebenspartner wollte ursprünglich nicht in
ein anderes Land mit umziehen. Anja ist für ihren Wunsch
stark geblieben und schlussendlich mit ihm zusammen
nach Dänemark gezogen.

„zu dem noch mehr stehe, was ich will, was mein Weg ist" (Transkript Anja, Zeile 255)

Durch die Prozesserfahrungen habe sie die eigene Ressource der tiefen inneren Sicherheit und das Vertrauen mitbekommen, was sie nachträglich durch den Alltag und ihre Lebensweise trägt. Besonders häufig betont Anja im Interview, nach dem gesamten Prozess angstfreier in die Welt gehen zu können. In dem Prozess haben sich, wie im vorangegangen Kapitel beschrieben, viele Blockaden und Thematiken gelöst, die als Ursache für die andauernde Angstfreiheit gelten können.

„Das sind alles Erfahrungen, die wir gemacht haben in unserem frühkindlichen Leben und wenn man das versteht und dann auch noch eine andere Körpererfahrung macht und das nachholt, dann, also so war es für mich, hab und brauch ich diese Ängste nich mehr und geh anders in Lebens hinein" (Transkript Anja, Zeile 193ff)

Des Weiteren erwähnt sie zum Ende des Interviews noch, dass sie ihr Essverhalten ebenfalls verändert habe. Frühe habe sie häufig das Essen als Mittel zur Kompensation genutzt. Heute geht sie nach ihren Beschreibungen sehr viel bewusster mit dem Thema um.

„Ich wünsch mir das das noch mehr wird, noch bekannter wird einfach also noch mehr Menschen in den Genuss kommen so eine Arbeit erleben dürfen für sich. Genau weil das ist etwas was glaube ich sehr viel, bei mir auch und vielen heilen kann (2)" (Transkript Anja, Zeile 276f)

6.3.2. Körperliche Veränderungen

Gerd berichtet, dass seine anfängliche Unbeweglichkeit im Beckenbereich sich fast vollständig verbessert habe.

„Also körperlich konnte ich die Veränderung wahrnehmen, dass ich viel mehr eh viel mehr Beweglichkeit im Beckenbereich hatte (.) und dass eh ich hatte sonst immer Verkrampfungen im Beckenbereich Unbeweglichkeit Steifheit eh das war viel besser" (Transkript Gerd, Zeile 260ff)

Der Becken-, und Hüftbereich hat ebenfalls große Auswirkungen auf den Gang. Gerd beschreibt, dass sich durch die bessere Beckenbeweglichkeit sein Gang ebenfalls verbessert habe und er hofft, in Zukunft so das Risiko für eine Hüftoperation vermeiden zu können. Psychische Störungen korrespondieren in der Regel mit somatischen Beschwerden. Bei Gerd könnte diese beispielsweise die Ursache für seine körperliche Steifheit gewesen sein. [107]

Thurmann
Seite 46

107 Vgl. Thiele, 2005, S. 30

„die eigene Sexualität, die dann ja glaub ich auch besser ist weil mit einem unbeweglichem Becken eh ist quasi gar keine richtige Orgasmusfähigkeit möglich eh das heißt durch besser Beckenbeweglichkeit verbessert sich das auch oder ist auch mehr also schöneres Lustempfinden, andere Beweglichkeit" (Transkript Gerd, Zeile 279ff)

Einen weiteren positiven Effekt der verbesserten Beckenbeweglichkeit ist die Orgasmusfähigkeit und das Lustempfinden. Anja hat während des gesamten Interviews kaum von körperlichen Beschwerden berichtet. In Rückfragen

105

bestätigte sie, dass sowohl vor der Biodynamischen Geburtstraumatherapie, also auch nach dem Prozess, kaum merkbare Unterschiede auftraten. Sie berichtet zwar, dass ihr Körpergefühl besser geworden sei, stellt aber auch klar, dass sie bereits vor dem Prozess zufrieden gewesen sei.

„ich vorher schon ganz zufrieden auch körperlich also von daher joa" (Transkript Anja, Zeile 269f)

7. Fazit

7.1 Ergebnisse zur Forschungsfrage

Für die Forschungsfrage „Welche Wirkung zeigt die Biodynamische Geburtstraumatherapie?" wurden zwei Teilnehmende des Konzepts zu ihren Motivationsgründen, persönlichen Erfahrungen und Kritikpunkten befragt. Bezüglich der Motivationsgründe konnten zwei verschiedene Ansichten festgestellt werden.

Anja ist ohne einen ausschlaggebenden persönlichen Veränderungswunsch in die Gruppentherapie gegangen. Durch die Selbsterfahrung und das neu erworbene Wissen über prä- und perinatale Prägungsfaktoren mit ihren möglichen Auswirkungen kann sie das Spektrum ihrer professionellen Arbeit erweitern.

Gerd hingegen vertritt die Ansicht, eine solche Therapieform nicht mit einem konkreten Ziel angehen zu sollen, da dies ein Zufallsprodukt ist, und der Mensch mit seiner Psyche und dem Geist sich nicht auf Wunsch von einem Therapeuten formen lässt. Nichts desto trotz berichtet er als

Motivationsgrund von körperlichen und emotionalen Einschränkungen. Auch Auffälligkeiten in seinem Bindungsverhalten waren ausschlaggebend für die Teilnahme. Durch die Philosophie, in die Vergangenheit zu schauen, um dort nach Ursachen für die Symptome zu suchen, kam er zu der Biodynamischen Geburtstraumatherapie. Tatsächlich sind die therapeutischen Interventionsmaßnahmen kein Zufallsprodukt. Sowohl bei der körperorientierten Therapie, als auch bei anderen etablierten Therapieverfahren wie der Verhaltenstherapie, wurden über die letzten Jahre Methoden entwickelt und in der Praxis überprüft.

Thurmann
Seite 47

Dennoch ist die Aussage von Gerd, dass Klienten die innere Einstellung mitbringen sollen, etwas verändern zu wollen, berechtigt. Sowohl in diesem Setting als auch bei anderen Therapiemethoden ist der Wille zur eigenen Veränderung und das Bewusstsein über die Veränderungen notwendig, um an eigenen Thematiken arbeiten zu können. Für Menschen, die körperliche Nähe nicht gut ertragen können oder die kein Bewusstsein für das eigene Da Sein haben, könnte dieser Ansatz ungeeignet sein. Auch hängt die Auswahl für die Methode von der Thematik ab.
.....
Im ersten Modul der Biodynamischen Geburtstraumatherapie war die Aufstellung Kerninhalt. Hier sind die anderen Teilnehmer aktiv mit in den eigenen Prozess integriert. Während die Therapeuten die Rahmenbedingungen halten und die Aufstellung anleiten, berichten die Teilnehmenden von ihren Emotionen und Wahrnehmungen.

Ziel der Aufstellungen ist es, unbewusste Dynamiken im Familiensystem aufzuzeigen. Bei Anja beispielsweise war es sehr heilsam, ihren toten Bruder aufstellen zu können. Die Mutter konnte ihn damals aufgrund von dramatischen Umständen nicht verabschieden.

Auch bei Gerd zeigten sich bisher unbekannte Zusammenhänge. Durch seine Aufstellung wurde sichtbar, dass die ihm bekannte Ablehnung seiner Mutter den Ursprung bereits in der vorherigen Generation hatte. Es half ihm auf der emotionalen Ebene, die ihm gegenüber gebrachte Ablehnung zu verstehen und verarbeiten zu können.

Bei dem Birth-Release-Prozess war bei beiden Interviewpartnern die Hauptthematik die Bindungsentwicklung. Grundlegend fehlte ihnen die Erfahrung des positiven Bindungsaufbaus nach der Geburt. Bei Anja kam dies aufgrund der Frühgeburt und dem damit einhergehenden sechs wöchigen Krankenhausaufenthalt ohne die Mutter zustande. Bei Gerd hingegen kann aufgrund der erwähnten Ablehnung und Beschreibung seiner Gefühle nur vermutet werden, dass er keine positive Bindungserfahrung nach der Geburt hatte. Beide Teilnehmenden konnten in dem Prozess diese Erfahrung nachholen und beschrieben dieses Erlebnis als „sehr nachnährend". Wie bereits erwähnt, wird im regressiven Zustand die real erlebte Erfahrung körperlich überschrieben, und die neuronalen Synapsen werden neu verschaltet.

Beide Interviewpartner berichten über langfristig positive Entwicklungen. Bei Anja zeigte sich nach dem Prozess eine grundlegende Leichtigkeit und große Sicherheit. Auch betonte sie häufig, dass sich ihre Ängste gelöst haben und sie diese nach der Bearbeitung ihrer Thematiken nicht mehr brauche. Auf der körperlichen Eben hat Anja keine konkreten Veränderungen wahrnehmen können.

Auch Gerd berichtet über viele nachhaltige Entwicklungen. Auf der körperlichen Ebene haben sich die Becken- und Hüftprobleme, die ihren Auslöser, wie bereits beschrieben, in traumatischen Erfahrungen haben können, weitgehend gelöst. Durch die neu gewonnene Beweglichkeit haben sich sein Gang und seine Orgasmusfähigkeit deutlich verbessert. Auf der psychischen Ebene berichtet er ebenfalls von zahlreichen Veränderungen. Die anfängliche Emotionslosigkeit ist einer deutlich höheren Empathie, Einfühlungsfähigkeit und intensiveren Körperwahrnehmung gewichen. Dies zeigt sich unter anderem im Kontakt mit Säuglingen, Paaren und Gruppen. Besonders verändert wird der Umgang mit Frauen und seiner Mutter beschrieben. Auf die Veränderung hinsichtlich seiner Mutter geht er nicht näher ein, allerdings beschreibt er den generellen Umgang mit Frauen als verändert. Er ist nicht mehr in dem ihm bekannten emotionalen Abhängigkeitsverhältnis. Durch das Nachholen der Bindungserfahrung empfindet er sich in Bezug auf Frauen als weniger bedürftig und erlebt sich als autark.

Hinsichtlich der Forschungsfrage, lässt sich anhand der subjektiven Aussagen der Interviewpartner sagen, dass beide individuell positive Ressourcen auf verschiedenen Ebene aufbauen konnten. Unvollendete vasomotorische Zyklen konnten in der Regression vollendet werden.

Restliche traumatsche Ladungen werden aufgelöst und Blockaden gelöst.

7.2 Bezug zu der Sozialen Arbeit

In der Sozialen Arbeit ist der Grundstein für zahlreiche Arbeitsfelder das methodische Handeln. Das hilft die Arbeit des Sozialarbeitenden zu strukturieren und Thematiken von Klienten kriteriengeleitet und reflexiv zu behandeln. Je nach Fachbereich kann eine Grundaufgabe des Sozialarbeiters die Anamnese sein. Hier werden möglichst viele Informationen über die lebensgeschichtliche Entwicklung gesammelt, um eine angemessene Hilfeplanung zu ermöglichen. Das soziale Umfeld wird ebenfalls exploriert, ebenso sollten Beziehungen und auffällige Verhaltensweisen näher betrachtet werden.[108] Es gibt keine allgemeingültige Vorgehensweise, gerade da es unzählige Methoden in der Sozialen Arbeit gibt, vielmehr hängt die Vorgehensweise individuell von den Klienten, Alter und vorhandenen Thematiken zusammen. Die Soziale Arbeit lässt sich grob in die Methoden der Einzel-, Gruppen- und Gemeinwesenarbeit strukturieren. Unterhalb der Methoden stehen dann die jeweiligen Techniken und Verfahren, die spezifisch angewendet werden können. Diese können Techniken zur Kontaktaufnahme, Datenerhebung, Planung und Durchführung von Interventionsmaßnahmen sein. [109]

Gegenstand dieser Thesis ist ebenfalls die prä- und perinatale Psychologie. Allgemein orientiert sich die Psychologie als akademische Disziplin vorrangig an der Medizin

108 Vgl. Hehemann, 2010, S.72f

109 Vgl. Kreft/ Müller, 2019, S.23

und den Gesundheitswissenschaften. Die Soziale Arbeit in Bezug zur Psychologie wird noch recht weitgehend ignoriert. In der psychologischen Praxis ist die Relevanz von Sozialer Arbeit ebenfalls umstritten. Gerade durch jüngste Diskussionen über die angemessene psychosoziale Unterstützung von geflüchteten Menschen wird dies deutlich. [110] „Soziale Arbeit wird hier nicht primär als neutrales wissenschaftliches Untersuchen aufgefasst, sondern sie soll aktiv Einfluss nehmen, eingreifen, „wo Menschen mit ihrer Umwelt in Interaktion treten" und sie soll Menschen stärken, ihre Kompetenzen zu verbessern, sie „befähigen", ihr Leben in „freier Entscheidung besser zu gestalten". [111] Um für diese Menschen passende Hilfsangebote erstellen zu können, ist der Blick auf die Biografie von maßgeblicher Bedeutung. Die Biographiearbeit ist bereits in der Sozialen Arbeit integriert und wird als Methode genutzt, um den entwicklungsgeschichtlichen Verlauf darzustellen, Zusammenhänge zwischen Lebensereignissen und Verhaltensauffälligkeiten zu verdeutlichen und dient dem Ziel, Menschen bei der Identitätsbildung zu unterstützen. Die Biographiearbeit in der Sozialen Arbeit hat an den Stellen, an denen schwerwiegende Traumata auftreten, ihre Grenzen erreicht, insbesondere dort wo Therapie berechtigterweise beginnen würde. Nichts desto weniger ist es maßgeblich wichtig, diese Methode in viele Bereiche der Sozialen Arbeit, wie Kinder- und Jugendhilfe, Beratung, Sucht- und Drogenhilfe oder Erziehungs- und Familienhilfe miteinzubeziehen. Um nicht einen maßgeblichen Teil der Entwicklung auszulassen, sollte die prä- und peri-

110 Vgl. Bräutigam, 2018, S.13
111 Vgl. Heck, o.J., S. 35

natale Lebenszeit auf jeden Fall mit einbezogen werden, da Erfahrungen aus dieser Zeit für spätere Auffälligkeiten verantwortlich sein können.

7.3 Ausblick

Ein Trauma kann durch ein schreckliches Erlebnis, das selbst oder als Zeuge erlebt wurde, ausgelöst werden. Auch langanhaltende Belastungssituationen, wie Vernachlässigungen, können traumatisch sein. Die Thesis hat aufgezeigt, dass aber auch unscheinbar klingende Erlebnisse tiefgreifende psychische Auswirkungen zur Folge haben können. Die vorsprachliche Zeit mit ihren Erfahrungen ist Grundlage für unsere spätere Entwicklung. Heutzutage gibt es vielfältige Therapiemethoden, um unterschiedlichste Traumata, Suchterkrankungen oder Missbrauchserfahrungen angemessen bearbeiten zu können. Die Arbeit zeigt auf, dass die körperorientiere Therapie sich am besten eignet, und auch der einzige Ansatz ist, der vorsprachliche Erfahrungen zugänglich macht.

Die Biodynamische Geburtstraumatherapie® von Renate Abel vereint verschiedene Methoden und Ansätze zu einem ganzheitlichen Konzept. Kerninhalt ist der von Ebba Boyesen entwickelte biodynamische Birth-Release-Prozess. Auch ist das weiterentwickelte Modell von Willhelm Reich über den affektiven vasomotorischen Zyklus in den Prozess integriert, um so die verbliebenen traumatischen Ladungen verarbeiten zu können. Des Weiteren umfasst die Einbeziehung der systemischen Aufstellungsarbeit ebenfalls Dynamiken im Familiensystem und bietet somit ein ganzheitliches Konzept, um vorsprachliche oder transgenerational mitgebrachte traumatische Erfahrungen verarbeiten zu können.

Die Forschung dieser Thesis zeigt die subjektiven positiven Effekte, die die Biodynamische Geburtstraumatherapie bei den interviewten Teilnehmern bewirkt hat. Obwohl die Traumatherapie und Pränatalpsychologie kein fester und umfangreicher Bestandteil in den Lehrplänen der Sozialen Arbeit ist, sind die Grundlagen der entwicklungsgeschichtlichen Prägungsfaktoren, besonders in der vorsprachlichen Zeit, und Hintergrundwissen über die Verabeitungsmöglichkeiten von vorsprachlichen traumatischen Erfahrungen, existenziell wichtig für die angemesse Planung von Hilfsmaßnahmen und Unterstützungsangeboten.

Eine zukünftige Vision könnte sowohl die weitere Sensibilisierung der Gesellschaft für Pränatalpsychologie als auch die Integration dieser Erkenntnisse in die Fachlehrpläne von Universitäten, Hochschulen und Ausbildungsstätten, sein.

Bibliographie

Literatur:

Abel, Renate; Göttges, Ilona (2020): Biodynamische Geburtstraumatherapie. Mein Weg ins Leben. Norderstedt: Books on Demand. Unveröffentlicht.

Austermann, Alfred R.; Austermann, Bettina (2006): Das Drama im Mutterleib. Der verlorene Zwilling. Berlin: Königsweg.

Bear, Udo; Frick-Baer, Gabriele (2013): Wie Traumata in die nächste Generation wirken. Untersuchungen, Erfahrungen, therapeutische Hilfen. 3. Auflage. Neukirchen-Vluyn: Semnos.

Bohnsack, Ralf (2010): Rekonstruktive Sozialforschung. Einführung in die qualitativen Methoden. 8. Auflage. Leverkusen-Opladen: Barbara Budrich.

Bowlby, John (2021): Bindung als sichere Basis. Grundlagen und Anwendung der Bindungstheorie. 5. Auflage. München: Ernst Reinhardt.

Bräutigam, Barbara (2018): Grundkurs Psychologie für die Soziale Arbeit. München: Ernst Reinhardt.

Brönner, Kola; Thurmann, Ilka-Maria (2020): Den Anfang heilen. Prä- und Perinatale (Spiel-)Therapie. Frankfurt: Mabuse.

Derra, Claus; Hoffmann, Sven; Stephan, Siegfried; Stetter, Friedhelm (Hrsg.) (2017): Handbuch Autogenes Training. Kernverfahren der autogenen Therapie. Grundlagen, Technik, Anwendung. 20. Auflage. München: Deutscher

114

Taschenbuchverlag.

Emerson, William (1997): Geburtstrauma. Psychische Auswirkungen geburtshilflicher Eingriffe. In: Janus, Ludwig; Haibach, Sigrun (Hrsg.): Seelisches Erleben vor und während der Geburt. Neu-Isenburg: LinguaMed. S. 137 -140

Emerson, William (2013): Psychische Auswirkungen geburtshilflicher Eingriffe. In: Janus, Ludwig (Hrsg.) Die pränatale Dimension in der Psychotherapie. Heidelberg: Mattes.

Fischer, Uta; Thurmann, Ilka-Maria (2020): Am Anfang waren wir zu zweit. Ein Buch für verlassene Zwillingskinder. 4 Auflage Frankfurt: Mabuse.

Flick, Uwe; Steinke, Ines; Van Kardorff, Ernst (Hrsg.) (2015): Qualitative Forschung. Ein Handbuch. Hamburg: Rowohlt.

Graber, Gustav Hans (1924): Die Ambivalenz des Kindes. Leipzig, Wien, Zürich: Internationaler Psychoanalytischer Verlag.

Geuter, Ulfried (2015): Körperpsychotherapie. Grundriss einer Theorie für die klinische Praxis. Heidelberg: Springer.

Heinze, Thomas (2016): Qualitative Sozialforschung. Berlin, Boston: Oldenbourg Wissenschaftsverlag.

Janus, Ludwig (1993): Wie die Seele entsteht. Unser psychisches Leben vor und nach der Geburt. München: Deutscher Taschenbuch Verlag

Janus, Ludwig; Haibach, Sigrun (Hrsg.) (1997): Seelisches Erleben vor und während der Geburt. Neu-Isenburg: LinguaMed.

115

Janus, Ludwig (Hrsg.) (2013): Die pränatalen Dimensionen in der Psychotherapie. Heidelberg: Mattes.

Janus, Ludwig (2014) Die Geschichte der Pränatalen Psychologie. Einleitung. Praktische Konsequenzen aus der Entwicklung der Pränatalen Psychologie. In: Evertz, Klaus; **Janus**, Ludwig; Linder, Rupert (Hrsg.) Lehrbuch der Pränatalen Psychologie. Heidelberg: Mattes. S.1 – S.15

Kelly, John; Verny, Thomas (1981): Das Seelenleben des Ungeborenen. Wie Mütter und Väter schon vor der Geburt Persönlichkeit und Glück Ihres Kindes fördern können. München: Rogner&Bernhard.

Kline, Maggie ; Levine, Peter A. (2005): Verwundete Kinderseelen heilen. Wie Kinder und Jugendliche traumatische Erlebnisse überwinden können. 13. Auflage. München: Kösel.

Klippel-Heidekrüger, Marita (2022): Leben im Mutterleib. Auswirkungen von pränatalen Stresserfahrungen auf die spätere Gesundheit. In: Janus, Ludwig; Klippel-Heidekrüger, Marita (Hrsg.): Vielfältige Zugänge zum vorsprachlichen und geburtlichen Erleben. Einblicke in unterschiedliche Methoden, um den im vorsprachlichen Eindrucksgedächtnis gespeichertem Inhalten Raum zu geben. Heidelberg: Mattes.

Krell, Claudia; Lamnek, Siegfried (2016): Qualitative Sozialforschung. 6. Auflage Weinheim: Beltz.

Lengning, Anke; Lüpschen, Nadine (2019): Bindung. 2. Auflage. München: Ernst Reinhardt.

Linderkamp, Otwin (2014): Gehirnentwicklung und frühe Förderung. Förderung des Feten durch Stressvermeidung und Stressmanagement. In: Evertz, Klaus; Janus, Ludwig; Linder, Rupert (Hrsg.): Lehrbuch der Pränatalen Psychologie. Heidelberg: Mattes. S.19 – S.34

Mayring, Philipp (2016): Einführung in die qualitative Sozialforschung. Eine Anleitung zu qualitativem Denken, 6. Auflage, Weinheim: Beltz.

Pflichthofer, Diana (2021): Mit Neurosen unterwegs. Kleiner psychoanalytischer Reiseführer durch unseren Alltag. Göttingen: Vandenhoeck&Ruprecht.

Plothe, Christof (2009): Die perinatale Gabe von Oxytocin und deren mögliche Konsequenzen auf die Psyche des Menschen. In: Fedor-Freybergh, Peter. The International Journal of Prenatal and Perinatal Psychology and Medicine. Vol. 21. No. 3/4. Heidelberg: Mattes. S. 233 - 252

Rank, Otto (1924): Das Trauma der Geburt und seine Bedeutung für die Psychoanalyse. Leipzig, Wien, Zürich: Internationaler Psychoanalytischer Verlag.

Schlötter, Peter (2005): Vertraute Sprache und ihre Entdeckung. Systemaufstellungen sind kein Zufallsprodukt. Der empirische Nachweis. Heidelberg: Carl-Auer.

Schwarz, Christiane (2014): Wie könnte die Welt mit 50% Kaiserschnitt-Kindern sehen? Wie könnte eine Welt mit 90% interventionsfreier Geburt aussehen? In: Hildebrandt, Sven; Blazy, Helga, Schacht, Johanna, Bott, Wolfgang (Hrsg.): Kaiserschnitt–Zwischen Traum und Trauma, Wunsch und Wirklichkeit. Heidelberg: Mattes. S.54 – S.61

Thurmann, Ilka-Maria (2015): Kaiserschnitt heilsam verarbeiten. Prä- und perinatal basierte Spieltherapie© nach Thurmann. Frankfurt: Mabuse.

Thurmann, Ilka- Maria (2018): Multikausale Auswirkungen auf Mutter und Kind nach Geburt mit traumatischen Elementen. Therapie und Prävention. In: Deutsche Gesellschaft für Verhaltenstherapie e.V. Verhaltenstherapie mit Kindern& Jugendlichen, 14. Jahrgang, Ausgabe 1+2,Tübingen: DGVT-Verlag. S.21- S.31.

Internetquellen:

Abel, Renate (2013): Geburtsarbeit. Dein Weg ins Leben. Lebendige Beziehungen. Was bedeutet dies für unsere Empfängnis, Schwangerschaft, Geburt und postnatale Zeit für unser Leben? Beitrag zur 16. GBP-Fachtagung in Gunzenhausen 2013. http://www.renateabel.de/assets/gbp-artikel.pdf (Letzter Zugriff am 06. Juni 2022).

Bibliographisches Institut GmbH. Duden. Pränatal. https://www.duden.de/suchen/dudenonline/pr%25C3%25A4natal. Letzter Zugriff am 29. Mai 2022).

Bibliographisches Institut GmbH. Duden. Perinatal. https://www.duden.de/suchen/dudenonline/perinatal. (Letzter Zugriff am 29. Mai 2022).

Bibliographisches Institut GmbH. Duden. Postnatal. https://www.duden.de/suchen/dudenonline/postnatal. (Letzter Zugriff am 29. Mai 2022).

Braun, Margarete Giesela (2015): Der Einsatz von Körperpsychotherapien an deutschen Kliniken für Psychosomatik. Eine repräsentative Querschnitterhebung. Dissertation zur Erlangung des Doktorgrades der Medizin. Regensburg: Universitätsbibliothek. https://epub.uniregensburg.de/31980/1/K%C3%B6rperpsychotherapieverfahren%20in%20Deut schland150520-Ver%C3%B6ffentlichung.pdf (Letzter Zugriff am 02. Juni 2022).

Fachbereich Soziale Arbeit. Amara Renate Eckert. https://sozarb.hda.de/fachbereich/lehrende/lehrbeauftragte/amara-renate-eckert. (Letzter Zugriff am 12. Mai 2022).

Heck, Manfred. Perspektiven der Psychologie auf die Soziale Arbeit. https://dspace.ub.unisiegen.de/bitstream/ubsi/1233/1/Heck_Perspektiven_der_Psychologie.pdf. (Letzter Zugriff am 18. Juni 2022)

International Society for Prenatal and Perinatal Psychology and Medicine ISPPM e.V. Über die Internationale Gesellschaft für Prä- und Perinatale Psychologie und Medizin e.V. PräsidentInnen (o.J.). https://isppm.ngo/ueber-uns/ (letzter Zugriff am 11. Mai 2022).

Janus, Ludwig. Biographie. https://www.ludwig-janus.de/biographie.html (letzter Zugriff am 10. Mai 2022). Freudl, Peter. Biodynamische Psychologie und Psychotherapie. https://www.gbpev.de/was-ist-biodynamik/. (Letzter Zugriff am 08. Juni 2022).

Kleve, Peter (2006): Systemische Aufstellungen in der Sozialen Arbeit. Plädoyer für ein effektives Reflexions- und Interventionsinstrument. https://www.researchgate.net/publication/321194693_Systemische_Aufstellung en_in_der_Sozialen_Arbeit_Pladoyer_fur_ein_effektives_Refle-

119

xions- _und_Interventionsinstrument (letzter Zugriff am 22.Mai 2022).

Philipps-Universität Marburg. Neu! Körperpsychotherapie als Schwerpunkt studieren. https://koerperpsychotherapie-dgk.de/wp-content/uploads/unimarburg.pdf. (Letzter Zugriff am 04. Juni 2022).

Schäffer, Leonhard (2013): CME Zertifizierte Fortbildung. Geburtseinleitung, in: Der Gynäkologe. Ausgabe 8. Heidelberg: Springer Verlag, https://link.springer.com/content/pdf/10.1007/s00129-013-3192-0.pdf (Letzter Zugriff am 28. Mai 2022).

Statistisches Bundesamt (2022): Pressemitteilung Nr. N 022. https://www.destatis.de/DE/Presse/Pressemitteilungen/2022/04/PD22_N022_23 1.html (Letzter Zugriff am 01. Juni 2022).

Thiele, Manfred. Methodenintegration aus Sicht der Körperpsychotherapie. In: Kammer für Psychologisches, Psychotherapeuten und Kinder- und Jugendlichenpsychotherapeuten im Land Berlin. Einheitliches Berufsbild und Vielfalt des Vorgehens. https://www.psychotherapeutenkammerberlin.de/system/files/tagungsband_zweiter_lpt.pdf. (Letzter Zugriff am 19. Juni 2022).

Universität Leipzig: Methodenportal. Qualitativ vs. Quantitativ. https://home.unileipzig.de/methodenportal/qualivsquanti/ (letzter Zugriff am 05. Mai 2022).

TEIL III

Empirische Analyse zur Wirkung der Biodynamischen Geburtstraumatherapie®

Dr. Jörg Schirrmeister

1. Einleitung

Ursprünglich sollte die begleitende Evaluation der Biodynamischen Geburtstraumatherapie® im Rahmen der Seminarreihe „Mein Weg ins Leben – Zyklus 2021" durch eine ausführliche Befragung durchgeführt werden. Die Planung des Projektes, Erstellung des Fragebogens und die Durchführung der Datenerhebung erfolgte durch Thurmann im Rahmen ihrer geplanten Bachelorarbeit. Während der neunmonatigen Dauer des Zyklus, kam es hochschulseitig zu einem Betreuerwechsel. Der neue Betreuer war nicht bereit, diese Untersuchung als Bachelorarbeit weiter zu betreuen, so dass Thurmann mit strukturierten Interviews in einem qualitativen Ansatz eine Studie durchführte und erfolgreich abschloss (siehe Teil 2).

Die aufwändig erhobenen Daten werden hier vorgestellt und quantitativ analysiert. Auf die methodischen Schwächen wird explizit eingegangen

2. Methodik

Thurmann entwickelte zu jedem Seminarblock einen umfangreichen Fragebogen mit offenen und geschlossenen Fragen. Diese wurden von allen 10 TeilnehmerInnen

zu Beginn	des 1. Seminars „Wo komme ich her?" (18.-21. März 2021),
während	des 2. Seminars „Birth Release" (21.-26. Juni 2021),
und am Ende	des 3. Seminars „Wo gehe ich hin?" (10.-12. Dezember 2021) beantwortet.

Um eine Aussage zur Nachhaltigkeit zu erlangen, wurde Ende 2022, ein Jahr nach Abschluss der Seminarreihe ein weiterer Fragebogen von Abel und Schirrmeister an die TeilnehmerInnen verschickt. Auch dieser wurde von allen TeilnehmerInnen vollständig beantwortet. Zur Veranschaulichung sind Fragebogen 1 und 4 im Anhang abgebildet.

Der erste enthält Fragen zu biografischen Daten, Lebensgeschichte, aktueller Lebenssituation, Motivation und Erwartungen. Die weiteren Bögen fokussieren auf die im Seminar gemachten Erfahrungen und ihre Auswirkungen auf die Lebenssituation. Der dritte Bogen beinhaltet ein ausführliches Feedback.

In allen 4 Bögen wurden dieselben folgenden Fragen zu Beschwerden und Befindlichkeit gestellt (siehe auch Fragebögen im Anhang):

Aktuelle Befindlichkeit – Wie beurteilen Sie die Befindlichkeit in Bezug auf ihre/ihren	1 = kein; schlecht 5 = sehr viel; sehr gut				
1. Selbstfürsorge	1	2	3	4	5
2. Perfektionismus	1	2	3	4	5
3. Selbstbewusstsein	1	2	3	4	5
4. Schlafqualität	1	2	3	4	5
5. Einsamkeitsgefühl	1	2	3	4	5
6. Sorgen	1	2	3	4	5
7. Stress	1	2	3	4	5
8. Freude	1	2	3	4	5
9. Krankheitsgefühl	1	2	3	4	5
10. Antriebslosigkeit	1	2	3	4	5
11. Entschlussfreudigkeit	1	2	3	4	5
12. Mut	1	2	3	4	5
13. Körperliche Mobilität	1	2	3	4	5
14. Abgrenzungsfähigkeit	1	2	3	4	5
15. Konzentration	1	2	3	4	5

Es handelt sich um Fragen vom Likert-Typ (R. Likert 1932) die auf einer ordinalen Skala von 1 bis 5 beantwortet wurden (vergleiche Fragebogen 4). Dabei bedeutet 1: „kein" oder „schlecht" und 5: „viel" oder „sehr gut". Diese Fragen wurden zu obengenannten Zeitpunkten wiederholt, um eine Aussage über Veränderungen durch den Therapiezyklus zu erhalten. Tiefergehende persönliche Details sollten in den offenen Fragen erforscht werden.

Leider waren 6 von 15 der geschlossenen Fragen zur Befindlichkeit nicht eindeutig für den Gebrauch einer Likert-Skala formuliert. Die Items 2 (Perfektionismus), 5 (Einsamkeitsgefühl), 6 (Sorgen), 7 (Stress), 9 (Krankheitsgefühl) und 10 (Antriebslosigkeit) sind doppeldeutig formuliert. Die Skala 1 = kein und 5 = sehr viel ist hier gegengesetzt zur Skala 1 = schlecht und 5 = sehr gut. Geht es einer Person schlecht wegen starkem Einsamkeitsgefühl kann sie eine 1 ankreuzen, weil es ihr „sehr schlecht" geht oder eine 5, weil sie „sehr viel" Einsamkeitsgefühl empfindet. Fühlt sie sich später kaum noch einsam kann sie eine 4 ankreuzen, weil es ihr „gut" geht oder eine 2 weil sie wenig " Einsamkeitsgefühl empfindet.

Da dies nicht valide auswertbar ist, wurden diese 6 Items ausgeschlossen. Nur die 9 eindeutigen Befindlichkeitscores werden analysiert.

Um eine Aussage über die Gesamtbefindlichkeit der TeilnehmerInnen zu erhalten, wurden diese 9 Scores zu einem Summenscore addiert. Zur Abbildung in der Skala von 1-5 wurde er durch die Anzahl der Items (= 9) dividiert und als „gemittelter Summenscore" bezeichnet. Die Bildung eines solchen Scores kann problematisch sein, wenn zwei oder mehrere Items stark miteinander korrelieren. Z. B. wird jemand, der keine Freude empfindet, wahrscheinlich auch wenig Entschlussfreude empfinden. Solche Korrelationen werden bei etablierten Scores z.B. der SCL -90 geprüft und adjustiert (Franke 2014). Dies schränkt die Validität des Summenscores etwas ein.

Die Ergebnisse werden deskriptiv beschrieben. Veränderungen in den Befindlichkeitsitems sowie des gemittelten Summenscores werden mit dem Rangsummentest nach Wilcoxon für abhängige Stichproben getestet (Bortz 1993).

Die Antworten zu den offenen Fragen enthalten viel wertvolle Informationen, sie bieten sich aber nicht für eine statistische Analyse an und werden hier nicht weiter betrachtet.

3. Ergebnisse

3.1. Das Kollektiv

Sieben Frauen und drei Männer nahmen am Seminarzyklus teil. Sie waren durchschnittlich 50 Jahre alt (Spannbreite 28-74). Vier TeilnehmerInnen hatten Kinder, sechs waren kinderlos. Die meisten hatten therapeutische Vorerfahrung, einige waren selbst therapeutisch tätig.

Die Seminarkosten wurden selbst bezahlt. Da die Leiterinnen keine Kassenzulassung als Ärztinnen oder Psychotherapeutinnen besitzen, erfolgte keine Kostenerstattung durch die Krankenkassen, wie dies für körperpsychotherapeutische Verfahren in Deutschland auch üblich ist. Es wurden auch keine Eingangsdiagnosen nach ICD codiert.

3.2. Änderungen der Beschwerden und Befindlichkeit

Die Abbildung zeigt die Befindlichkeitsscores sowie den gemittelten Summenscore zu Beginn, am Ende und 1 Jahr nach dem Zyklus (s. Abbildung 1). In allen Scores verbesserte sich der Wert zum Ende.

In den Bereichen Freude, Entschlussfreude, Abgrenzungsfähigkeit und Konzentration, sowie im gemittelten Summenscore war dies im Wilcoxon Test signifikant (5%-Niveau; zweiseitig) (s. Tabelle 1).

Auch 1 Jahr danach waren alle Scores höher als zu Beginn und der gemittelte Summenscore blieb signifikant erhöht.

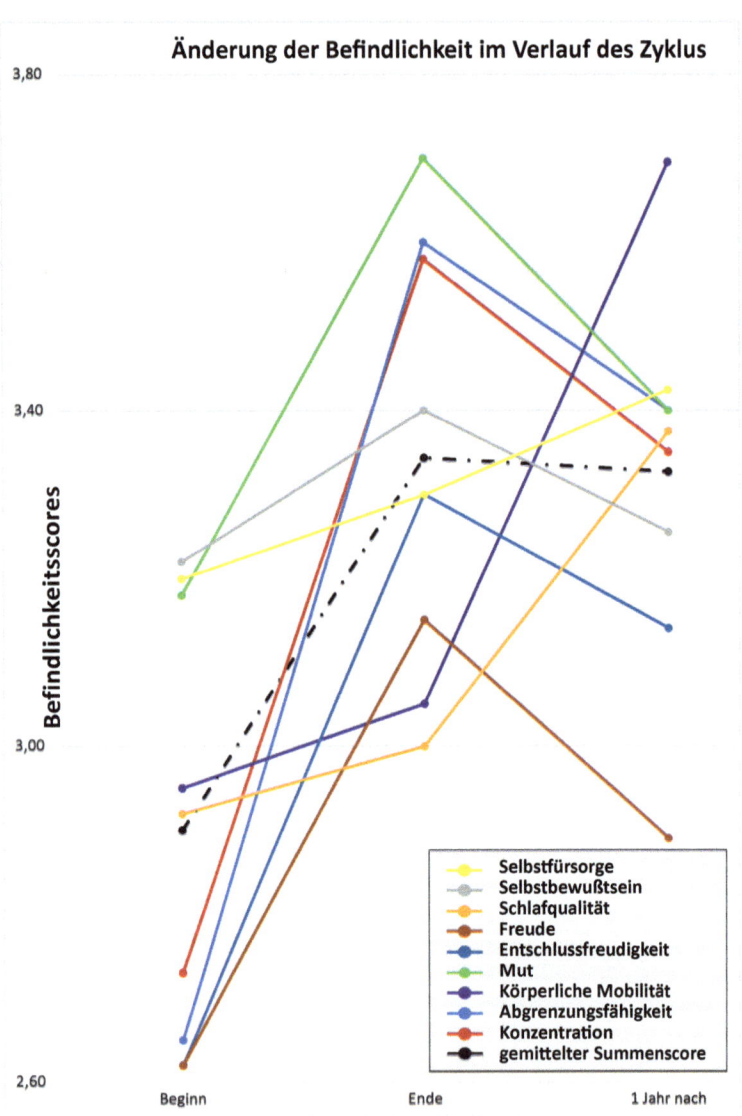

Abbildung 1: Verlauf der Befindlichkeitsscores und des gemittelten Summenscores (Jeweils Mittelwert der 10 TeilnehmerInnen).

Qualität / Zeitpunkt	Beginn	Ende	Verbesserung	Signifikanz-niveau
1. Selbstfürsorge	3,20	3,30	0,10	ns.
2. Selbstbewußtsein	3,22	3,40	0,18	< 0,1
3. Schlafqualität	2,92	3,00	0,08	ns.
4. Freude	2,62	3,15	0,53	< 0,01
5. Entschlussfreudigkeit	2,62	3,30	0,68	< 0,05
6. Mut	3,18	3,70	0,52	ns.
7. Körperliche Mobilität	2,95	3,05	0,10	ns.
8. Abgrenzungsfähigkeit	2,65	3,60	0,95	< 0,05
9. Konzentration	2,73	3,58	0,85	< 0,05
10. gemittelter Summenscore	2,90	3,34	0,44	< 0,05

Tabelle 1: Verbesserung der Befindlichkeiten am Ende des Zyklus, p-Wert (zweiseitiger Wilcoxon-Test); ns. = nicht signifikant

4. Diskussion

Bisher gibt es nur wenig Studien über die Wirksamkeit körperpsychotherapeutischer Behandlungen. (Koemeda-Lutz 2006, Haudel 2018). In dieser Analyse wurde die Wirksamkeit einer spezifischen körperpsychotherapeutischen Gruppentherapie evaluiert. Die Auswertung konnte einen positiven Effekt auf die Befindlichkeit nachweisen. Erfreulicherweise konnte dieser Effekt etwas abgeschwächt auch noch nach einem Jahr nachgewiesen werden, was für eine nachhaltige Wirkung des Seminarkonzeptes spricht. Dieser quantitative Teil der Wirksamkeitsstudie steht im Einklang mit den Ergebnissen der qualitativen Analyse mit strukturierten Interviews (siehe Teil 2), in denen auch ein anhaltend positiver Effekt nachgewiesen wurde.

Eine Stärke der Erhebung ist, dass die Gruppe vollständig untersucht wurde und alle Fragen beantwortet wurden. Dadurch besteht keine Verzerrung durch drop-outs.

5. Einschränkungen

Leider wurde in dieser Studie kein validierter Fragebogen eingesetzt wie zum Beispiel die Symptom-Checkliste (SCL-90-R) 2016/2017 (L. R. Derogatis, dt. Fassung: S. Kliem & E. Brähler). Dies sollte in kommenden Untersuchungen unbedingt getan werden, um klarere Aussagen treffen zu können , welche Beschwerden und Befindlichkeitsstörungen besonders profitieren.

Diesbezüglich wäre auch eine exaktere Erhebung der Ausgangssituation bzw. -diagnosen hilfreich. Bei den SeminarteilnehmerInnen handelt es sich um eine kleine Gruppe mit individuellen Motivationen an dem Seminar teilzunehmen. Daher lassen sich die Ergebnisse nicht gut verallgemeinern.

6. Fazit

Die Arbeit zeigt, dass Wirksamkeitsstudien in diesem Setting machbar sind. Es wurde objektiviert, dass die TeilnehmerInnen dieses „Zyklus" von der Seminarreihe profitiert haben und dieser positive Effekt auch nach einem Jahr noch nachweisbar ist. Das ist mehr als man von den meisten Seminarreihen weiß und spricht für Seriosität was Behandlerin und Methode anbelangt.

Die Arbeit soll auch andere KörperpsychotherapeutInnen ermutigen, die Wirksamkeit ihrer Therapien zu überprüfen. Dadurch wächst die Evidenz-Basis, dass körperpsychotherapeutische Verfahren hilfreich sind.

7. Anhang

Fragebogen zur Wirksamkeit des biodynamischen Geburtsprozesses

Zyklus: 'Mein Weg ins Leben' von Renate Abel

Die folgende Befragung dient der wissenschaftlichen Arbeit (Bachelorarbeit) von Svenja Thurmann. Es geht um die Wirksamkeit des "biodynamischen Geburtstraumaarbeit". Ihre Name auf dem Fragebogen, dienen ausschließlich der Auswertung der Daten für die wissenschaftliche Arbeit und werden zu keinem Zeitpunkt öffentlich oder an Dritte bekannt gegeben. Die Ergebnisse werden anonym verwertet.

Unterschrift:

Persönliche Daten	
Vorname	
Geschlecht	
Alter	
Geburtsdatum	
Beruf	
Familienstand	
Motivation	
Aus welchen Gründen haben Sie sich für die biodynamische Geburtstraumaarbeit ("Zyklus") enschieden?	
Welche eigenen Lebensthemen haben Sie hierzu gebracht?	
Gibt es bekannte Bindungsproblematiken? Wenn ja, welche?	
Welche konkreten Verhaltensmuster oder Probleme waren für die Teilnahme ausschlagebend?	
Wie lange begleitet Sie die Problematik in Ihrem Leben?	
Wie wirken sich diese Themen auf Ihren Alltag auf?	
Was glauben Sie, ist der Auslöser des Themas/ der Themen?	
Haben Sie konkrete Veränderungswünsche? Was möchten Sie an Ihrer Lebenssituation / Alltag verändern?	
Gibt es etwas, was Sie bewusst oder unbewusst daran hindert?	
- Bewusster Ebene	
- Unbewusste Ebene	

Nennen Sie 5 Eigenschaftswörter die Ihre Mutter und die Beziehung zu ihr beschreiben	
Schreiben Sie einen prägenden/ typischen Satz auf den Ihre Mutter zu Ihnen gesagt hat?	
Bitte beschreiben Sie Ihr Verhältnis zu Ihrem Vater?	
Nennen Sie 5 Eigenschaftswörter die Ihren Vater und die Beziehung zu ihm beschreiben.	
Schreiben Sie einen prägenden/ typischen Satz auf den Ihr Vater zu Ihnen gesagt hat?	
Trennung/ Scheidung der Eltern? Wenn ja, in welchem Alter?	
Haben Sie sich geliebt/ abgelehnt gefühlt? (von wem? Woran haben Sie das gemerkt?)	
Gab es weitere wichtige (Bezugs-) personen für Sie in der Kindheit?	
Gab es weitere (Bezugs-) personen, mit denen Sie negative Prägungen verbinden?	
Lebensereignisse/ Muster	
Haben Sie Verluste erlitten? (Zwilling, Familienmitglieder, Freunde, Haustiere)	
Gibt es Trauerprozesse, die noch nicht abgeschlossen?	
Haben Sie Missbrauch oder Mobbing erlebt? Wenn ja, in welchem Alter und durch wen?	
Leiden/ Litten Sie unter Ess-Störungen? Wenn ja, in welchem Alter? Von wann bis wann?	
Leiden/ Litten Sie an Asthma, Allergien oder Unverträglichkeiten?	
Gibt es wiedekehrende Situationen/ Muster (Zwänge), Auffälligkeiten (in Beurf, Beziehung, Prüfungen etc.)	
Fühlen Sie Erfüllung in Beziehung und/ oder dem Beruf? Wenn ja, woran machen Sie das fest? Wenn nein, woran könnte das liegen?	

Gibt es oft Situationen in denen sie ambivalent sind? Wenn ja, wo treten diese Entschiedungsschwierigkeiten auf?	
Haben Sie deutliche bis starke Ängste? (z.B Prüfungsangst, Phobien etc.) Wenn ja, welche?	
Wie treten Sie gegenüber neuen Personen/ einer neuen Gruppe auf?	
Sonstige Themen, die für Sie wichtig sind.	
Kinder	
Haben Sie Kinder? Wenn ja, wie viele? Bitte geben Sie das jeweilige Geburtsjahr an.	
Frauen: Wie verlief/en die Schwangerschaft/en?	
Wie verliefe/en die Geburt/en?	
Hatten Sie Früh- oder Fehlgeburten, Schwangerschaftsabbrüche, Operationen etc.?	
Kind/er vorhanden: Wenn Sie 3 Wünsche für Ihr/e Kind/er frei hätten, was würden Sie sich für Sie wünschen?	
Keine Kinder vorhanden: Wenn Sie Kinder hätten und Sie hätten 3 Wünsche frei, was würden Sie sich für Ihr/e Kind/ er wünschen?	

136

Aktuelle Befindlichkeit – Wie beurteilen Sie die Befindlichkeit in Bezug auf ihre/ ihren	1 =gar nicht , schlecht 10= sehr, sehr gut
1. Selbstfürsorge	
2. Perfektionismus	
3. Selbstbewusstsein	
4. Schlafqualität	
5. Einsamkeitsgefühl	
6. Sorgen	
7. Stress	
8. Freude	
9. Krankheitsgefühl	
10. Antriebslosigkeit	
11. Entschlussfreudigkeit	
12. Mut	
13. Körperliche Mobilität	
14. Abgrenzungsfähigkeit	
15. fehlen hier noch wichtige Punkte zum vorher nachher vergleich?	
Erwartungen	
Welche Erwartungen haben Sie an das Seminar?	

Abschlussbogen Seminar 1

Erwartungen	
Haben sich Ihre Erwartungen an das Seminar "Wo komme ich her?" erfüllt?	
Wenn ja, woran machen Sie das fest?	
Wenn nein, was hat Ihnen gefehtlt?	
Womit waren Sie zufrieden/ unzufrieden?	
Haben Sie Verbesserungsvorschläge?	
Eigener Prozess: Seminar 1	**Wo komme ich her?**
Was war das Wesentlichste oder Beeindruckenste Erlebnis während des ersten Seminares?	
Haben Sie eigene Ressourcen neu entdecken können?	

Gibt es (bereits nach dem 1. Seminar) Veränderungen in konkreten Lebensfragen oder den mitgebrachten Lebensthemen?	Xxx vermutlich rausnehmen die Frage
Gibt es eine positive Veränderung in Ihrem aktuellen Lebensgefühl?	Xxx "
Gibt es eine negative Veränderung in Ihrem aktuellen Lebensgefühl?	Xxx"
Seelenaufstellung	
Gab es wichtige neue Erkenntnisse zu Ihrer Herkunft?	
Gab es wichtige Erkenntnisse zu Ihrer eigenen Wesen/ Essenz?	

Wie würden Sie Ihr Erleben während des 1. Seminares beschreiben? **Köperliche Empfindungen/ Veränderung?**	
Mehr/ weniger Energie?	
Bessere/ schlechtere Entspannung?	
Veränderungen im Körperempfinden?	
Mehr/ weniger Präsenz?	
Emotionale Empfindungen:	
Ausgeglichener?	
Tiefere Emotionen?	
Mehr/ weniger Weinen, Trauer?	
Mehr/ weniger Lachen, Freude?	
Wut?	
Liebevollere und annehmendere Einstellung zu sich selbst?	
Bessere Selbstfürsorge?	
Mehr/ weniger Lebensfreude? Lebensbejahung?	
Energeitsche Empfindungen:	
Mehr/ weniger Lebendigkeit im Körper?	
Bessere/ schlechtere Körperwahrnehmung?	
Bessere/ schlechtere Stressregulation	
Wie würden Sie Ihre aktuelle Präsenz beschreiben?	
Mehr/ weniger Kreaitvität?	

Gruppe	
Wie haben Sie die Arbeit in der Gruppe erlebt? Wie war der Kontakt mit den anderen?	
Wie war die Gruppenarbeit mit den anderen Teilnehmern?	
Haben Sie sich wohl gefühlt? (Auf die Gruppe bezogen)	
Wenn ja, woran machen Sie das fest. Wenn nein, woran lag dies?	
Wie war es für Sie die Prozesse (Seelenaufstellung) der anderen Teilnehmer mitzuerleben?	

Organisation und Begleitung	
Sind Sie ausreichend über den Inhalt der Arbeit informiert worden?	
Wie fanden Sie die Begleitung durch das Team?	
-　Durch die Leitung?	
-　Durch die Assistenten?	
Haben Sie sich aufgrund der Hygienemaßnahmen ausreichend sicher gefühlt?	
Gab es einen Ansprechpartner für Sie?	
Hatten Sie genug Raum für Ihren Seelenaufstellung?	
Gab es genügend emotionale Betreuung?	
Gibt es noch weitere Bemerkungen?	

Vielen Dank für Ihre Zeit und Mühe!

139

Fragebogen zur Wirksamkeit des biodynamischen Geburtsprozesses

Zyklus: 'Mein Weg ins Leben' von Renate Abel

Die folgende Befragung prüft, ergänzend zur Bachelorarbeit von Svenja Thurmann, die Wirksamkeit der "Biodynamischen Geburtstraumatherapie® ". Die ersten drei Fragebögen haben Sie während des Zyklus 2021 ausgefüllt. Dieser vierte Bogen im Rahmen der wissenschaftlichen Auswertung focusiert die Prüfung der Nachhaltigkeit. Ihr Name auf dem Fragebogen dient ausschließlich der Auswertung der Daten für die wissenschaftliche Arbeit und wird zu keinem Zeitpunkt öffentlich oder an Dritte bekannt gegeben. Die Ergebnisse werden anonym ausgewertet.

Unterschrift: _____

Persönliche Daten				
Vorname				

Befindlichkeit

Ein Jahr nach Seminarende möchten wir wissen:

Welche Auswirkungen hatte die Seminarreihe auf Ihre Befindlichkeit und Lebenssituation?

Füllen Sie dazu bitte folgende Tabelle aus!

Aktuelle Befindlichkeit – Wie beurteilen Sie die Befindlichkeit in Bezug auf ihre/ihren	1 = kein; schlecht		5 = sehr viel; sehr gut	
1. Selbstfürsorge	1	2	3	4	5
2. Perfektionismus	1	2	3	4	5
3. Selbstbewusstsein	1	2	3	4	5
4. Schlafqualität	1	2	3	4	5
5. Einsamkeitsgefühl	1	2	3	4	5
6. Sorgen	1	2	3	4	5
7. Stress	1	2	3	4	5
8. Freude	1	2	3	4	5
9. Krankheitsgefühl	1	2	3	4	5
10. Antriebslosigkeit	1	2	3	4	5
11. Entschlussfreudigkeit	1	2	3	4	5
12. Mut	1	2	3	4	5
13. Körperliche Mobilität	1	2	3	4	5
14. Abgrenzungsfähigkeit	1	2	3	4	5
15. Konzentration	1	2	3	4	5

Befindlichkeit	
Raum für persönliche Bemerkungen	

Veränderungen ggü Anfang 2021	1 = keine Veränderungen 5 = starke Veränderungen				
1. Seelische Ebene	1	2	3	4	5
2. Körperliche Ebene	1	2	3	4	5
3. Gedankliche Ebene	1	2	3	4	5
4. Beziehungsebene	1	2	3	4	5
5. Berufliche Ebene	1	2	3	4	5
6. Verhaltensauffälligkeiten/-muster, Zwänge	1	2	3	4	5
7. Ängste	1	2	3	4	5

Veränderungen ggü Anfang 2021	
Raum für persönliche Bemerkungen	

Herzlichen Dank für Ihre Zeit und Mühe bei der Unterstützung dieser Studie! 😊

Die Herausgeberin

Renate Abel

- geboren 1953
- seit 1994 eigene Praxis für Biodynamische Körperpsychotherapie
- seit 1997 Heilpraktikerin für Psychotherapie

Nach dem Pädagogik- und Lehramtsstudium war ich 20 Jahre als Realschullehrerin beamtet, davon 6 Jahre als Beratungslehrerin in Einzelfallhilfe und Systemberatung. 1995 gab ich den Schuldienst auf.

1990 begann ich meine Ausbildung in Biodynamischer Körperpsychotherapie am Gerda-Boyesen-Institut (London), danach eine Weiterbildung bei der ESBPE (Europäische Schule für Biodynamische Psychologie und Erogenetik) und 5 Jahre Assistenz in einer Ausbildungsgruppe. Vor allem Ebba Boyesen, Mona Lisa Boyesen und Menno de Lange waren wichtige LehrerInnen für mich in dieser Zeit. Dafür bin ich ihnen sehr dankbar.

Ich leitete Frauengruppen, Massagegruppen, Biodynamische Jahresgruppen, themenorientierte Workshops und gab Einzeltherapie. Kontinuierlich nahm ich an Aus- und Weiterbildungen teil. Über viele Jahre lernte ich bei verschiedenen systemischen TherapeutInnen die Aufstellungsarbeit kennen, vor allem bei Margreth Barth.

Nach meiner Weiterbildung im „Essentiellen Theater" bei Lothar Hahn (2005-2007) konzipierte ich die Kreativtherapie „Essentieller Ausdruck" und arbeitete nach diesem Konzept einige Jahre erfolgreich mit Gruppen. 2006-2013 bildete ich mich in Prä- und Perinataler Psychologie bei Karlton Terry fort. Die Bereicherungen, die ich selbst erfahren hatte, motivierten mich, die Biodynamische Geburtstraumatherapie® zu entwickeln. Sie stellt die Integration meiner biodynamischen Wurzeln, meiner Weiterbildungen und meiner Idee der Seelenaufstellung dar.

Um Menschen, die ihre Geburtraumata umfassend bearbeiten wollen, eine übersichtliche Struktur anzubieten, konzipierte ich den neunmonatigen Zyklus „Mein Weg ins Leben". 2012 führte ich ihn erstmalig durch.

Im Zyklus 2021 fand die Untersuchung der Wirksamkeit durch Svenja Thurmann statt. Meine niederländische Kollegin Ilona Göttges hatte zuvor mehrmals assistiert und war in diesem Zyklus Co-Leiterin.

Meine spirituelle Anbindung an Buddhismus und Sufismus wirken prägend auf meine Haltung. Die Hingabe zu meiner Arbeit und die Freude, mit vielen Menschen so intensiv körpertherapeutisch zu arbeiten, bewirkten, dass ich stets einen Weg gefunden habe, meine therapeutische Arbeit zu vertiefen.

Meine drei Kinder haben meinem Leben eine Erfüllung gegeben. Inzwischen bin ich glückliche fünffache Großmutter.

Biodynamische Geburtstraumatherapie®

Mein Weg ins Leben

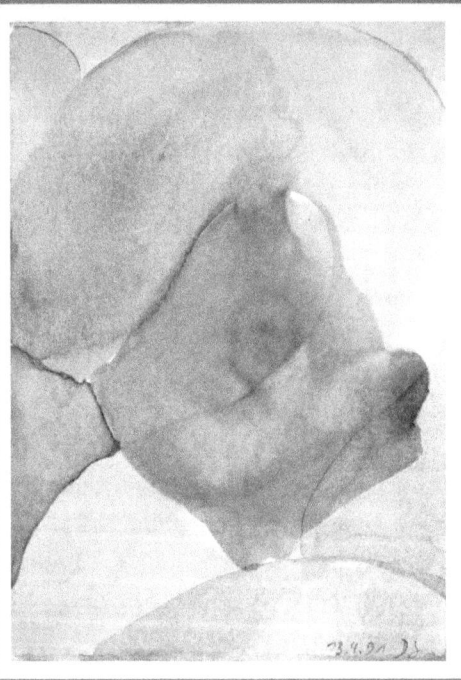

Renate Abel und Ilona Göttges

Biodynamische Geburtstraumatherapie®
Mein Weg ins Leben

Renate Abel und Ilona Göttges

Renate Abel und Ilona Göttges beschreiben den erweiterten Ansatz der Biodynamischen Geburtsarbeit.
Der von Ebba Boyesen entwickelte „Birth-Release-Prozess" wurde um das Seminar „Seelenaufstellung", Interventionen aus der Traumatherapie nach Karlton Terry und Körperübungen ergänzt.
Neuere Erkenntnisse aus Trauma- und Bindungsforschung sowie der Säuglingsforschung sind in das Konzept eingebunden. Nach Ausführungen zu traumatisierenden Aspekten und Bindungsthematik in der frühesten Lebensphase zeigen die Autorinnen auf, wie Geburtstraumata heilen können und damit Bindungs- und Entwicklungspotential sowie die Beziehungsfähigkeit gefördert werden. Effekte der Geburtsarbeit werden an Fallbeispielen veranschaulicht.

2. erweiterte Auflage 04/2022

Dieses Buch ist im Direktverkauf erhältlich:
PRAXIS FÜR KÖRPERPSYCHOTHERAPIE
Renate Abel, Helmighäuser Str. 13, 34474 Diemelstadt
Email: abel-renate@t-online.de, www.renateabel.de